13歳からの日本国憲法

監修
上田勝美

かもがわ出版

はじめに

「憲法《けんぽう》」と言われても、みなさんには、あまりピンとこないかもしれません。でも、日本の憲法って、とっても優《すぐ》れているんですよ。

たとえば、私《わたし》たち一人ひとりに国をつくる権利《けんり》がある（国民主権《しゅけん》）という立場を明確《めいかく》にし、その国民が選ぶ議員で構成《こうせい》された国会を「最高機関」と位置づけるなど、国民主権を国のあり方として貫《つらぬ》いています。憲法とは国民の人権《じんけん》を守るためにあるというのが世界の常識《じょうしき》ですが、日本の憲法ほど詳《くわ》しく、深く人権のことを書いている憲法は他の国にありません。また、「平和憲法」という名前で呼ばれるのも、世界のなかで日本の憲法だけです。

日本国憲法が公布《こうふ》された1946年当時、日本の社会は、憲法が描《えが》くものとは遠くかけ離《はな》れていました。紙の上に書かれた理想にすぎませんでした。でも、そういう優れた憲法があったから、みなさんのおじいさん、おばあさん、お父さん、お母さんの世代は、日本の社会を憲法の理想に近づけようと努力してきたのです。そして、少しずつ日本の社会は変わってきて、いまみなさんが安心して暮《く》らせる社会になったのです。

太平洋戦争が終わる（1945年8月）まで、日本はずっと戦争し、国民は国を批判《ひはん》することも自由にできませんでした。しかし、いまみなさんは自由に発言ができるでしょう。また、いまの憲法ができてからは戦争でだれも殺していませんし、殺されてもいません。社会には、まだいろいろな不満や願いがありますが、その願いを実現《じつげん》するためにも、優れた憲法を活用するのが近道です。

日本国憲法は、その前の憲法である大日本帝国憲法《だいにっぽんていこくけんぽう》（明治憲法）の反省から生まれました。大日本帝国憲法では国民の権利が制限《せいげん》され、軍隊の活動にはだれも口を差し挟《はさ》めないようになっていて、日本は国民の暮らしを犠牲にして、戦争への道を進んでいきました。日本国憲法には、そんな時代は二度とごめんだ、平和で自由な人間らしい暮らしをしたいという国民の願いがつまっているのです。いま、この憲法を改正しようということが議論《ぎろん》されていますが、大日本帝国憲法のような時代に後戻《もど》りしてはなりません。

そんな憲法のことをわかってもらおうというのが、この本の目的です。この本を読んだみなさんが、憲法に関心をもち、もっともっと憲法のことを勉強したいなと思ってもらえたら幸せです。

13歳からの日本国憲法　もくじ

本書では日本国憲法の条文を現代仮名遣いで表記しています。

●本書は、図書館向け書籍シリーズ『マンガで再発見 こんなにすごい！ 日本国憲法』（全5巻、2014～2015年発行）を再編集したものです。

第1部
憲法はこうして生まれた

第1章　国民に主権《しゅけん》がなかった時代から憲法ができるまで

❶ 憲法ってどんなもの？

みなさんは「憲法」という言葉を聞いたことはありますか？　ちょっと聞き慣れない、むずかしい言葉ですよね。憲法とは、「私たちの国はこんな国です」と決めたルールのことです。

私たちはふだん、あたりまえのように学校へ行き、買い物をし、自分の家に住んで、好きな時間をすごしたり、好きな洋服を着たりしています。

また、将来《しょうらい》どんな仕事に就きたいのか、だれと結婚《けっこん》するのか、自由に決めることができます。

もし、だれかがあなたの財産《ざいさん》を横取りしたり、あなたに暴力をふるったり、自由を奪うようなことがあれば、警察《けいさつ》や裁判所《さいばんしょ》が味方になって、あなたの権利を守ってくれるでしょう。

こんなことはごくあたりまえのことです。けれども、いったいなぜこういったことが「あたりまえ」なのでしょう。少なくとも、昔（戦前）は「あたりまえ」ではありませんでした。

もうわかったと思いますが、この「あたりまえ」のことは、憲法の中で決められていることなんです。

憲法では、国（権力）が守るべき決まりや人々の権利、国を治める方法など、国を形づくる基本的《きほんてき》なルールが定められています。みなさんの権利が守られるように、憲法にもとづいて法律《ほうりつ》がつくられ、裁判がおこなわれます。

私たちの暮《く》らす日本には、「日本国憲法」があります。ふだんはあまり意識《いしき》することはありませんが、日本国憲法は世界の憲法の中でもひときわ輝く、すばらしい憲法なんです。この部では、どのように憲法ができたのか見ていきましょう。

どんな職業に就いてもいい
（日本国憲法・第22条第1項）

好きなまちで暮らす
（日本国憲法・第22条第1項）

好きな人と結婚する
（日本国憲法・第24条第1項）

学校に通える
（日本国憲法・第26条第1項）

選挙に参加する
（日本国憲法・第15条）

自分の家やもち物がある
（日本国憲法・第29条第1項）

好きな映画をみたり、好きな本が読める
（日本国憲法・第21条第1項）

自由に考え、想像することができる
（日本国憲法・第19条）

❷ 憲法はどうやって生まれたの？

王様の時代から法の時代へ

憲法はどのようにして生まれたのでしょうか。憲法の原型の一つといえるものが、1215年のイギリスに生まれます。

当時のイギリスでは王が政治をおこなっていました。どのような法律を決め、税金《ぜいきん》をかけ、人を裁《さば》くかは、すべて王の都合のよいように決められていました。しかし、それに不満をもった他の貴族《きぞく》たちが、王の好き勝手を防ぐために憲章（マグナ・カルタ）をつくります。その中で、王といえども勝手に税金を取り立てたり、逮捕《たいほ》したりできないと定めたのです。こうして、法によって権力者の力をおさえる仕組みがはじめてつくられました。

歴史が進むと、人々はなぜ王だけが恵まれた権利をもっているのかを考えるようになりました。そこから「人は生まれながらに平等である」という考え方や「国のことは国民が決めるべきだ」（国民主権）という考え方が生まれてきます。そうして18世紀になり、アメリカやフランスでできた新しい憲法には、「王ではなく国民が政治をおこなうこと」、「人権を保障すること」、「権力を分けること」といった、現在の憲法につながる基本的な枠組み（憲法の基本原理）がつくられました。

多数派の暴走を防ぐ

さらに近代になると、国民が政治をおこなう国でも、多数の意見によって少数の人々の権利が奪われるということができました。例えば１９３３年、ドイツでは選挙によってヒトラーが首相に選ばれ、独《どく》裁者《さいしゃ》になっていきます。ヒトラーはドイツの有名な憲法（ワイマール憲法）を無力化して、たくさんのユダヤ人や少数民族、立場の弱い人々の権利を奪っていきました。

こうした誤《あやま》りがくりかえされないように、憲法の決めた通りに国の仕事が執りおこなわれているかどうかを、裁判所がチェックする仕組みが広がります（違《い》憲《けん》立《りっ》法《ぽう》審《しん》査《さ》権《けん》）。

フランス人権宣言…1789年８月26日にフランスで制定された憲法。他の多くの国々に影響をあたえました。

ドイツの政治家、アドルフ・ヒトラー。首相になり権力を一手に握ると、ユダヤ人などを虐殺する政策をおこないました。

【13世紀イギリスなど】

王の勝手は許《ゆる》さない！

王が自分勝手になんでも決めていた時代。王の権力の暴走《ぼうそう》を抑《おさ》えるために、人々は憲法をつくり、王に認《みと》めさせました。

【18世紀ヨーロッパ】

人権を定め、権力を分ける

王でも庶民《しょみん》でも、人間は生まれながらに平等なはず。みんなに人権があることや、国を治めるのは一部の権力者ではなく国民だ、という考えが憲法に書き込《こ》まれました。また、権力が暴走しないように分けておくことも決められました。

【20世紀ヨーロッパ】

少数派《しょうすうは》のこともだいじにする

多数派の意見が絶対《ぜったい》に正しいとはかぎらない。多数派の意見でおこなわれる政治《せいじ》が憲法を無視《むし》することもあります。裁判所が憲法をもとに政治が正しくおこなわれているか、チェックする仕組みができました。

●権力者に憲法で定めたルールにそって国を治めさせる。これを「立憲主義《りっけんしゅぎ》」といいます。

もっとくわしく

「人権」が憲法に盛り込まれるまで

●「人権」、「国民主権」だれが考えたの？

それまで、神が王に政治をおこなう権利を授けているとした「王権神授説《おうけんしんじゅせつ》」によって、王の統治が正当化されていました。イギリスのジョン・ロックは「統治二論《とうちにろん》」という論文でそれを否定《ひてい》し、人間は生まれながらに平等で、人間の権利を守るために国家があるとしました。また、フランスのルソーは「社会契約論《しゃかいけいやくろん》」などで、国家は直接国民が治めるべきとしました。モンテスキューは「法の精神《せいしん》」のなかで権力を3つに分ける「三権分立《さんけんぶんりつ》」を唱えました。

●どうやって憲法に盛り込まれたの？

こういった考えをもとに、イギリスからアメリカに移住《いじゅう》した人々は、「アメリカ独立宣言《どくりつせんげん》」を発し、アメリカを建国します。そして国民主権や人権、三権分立などを定めたアメリカ合衆国憲法《がっしゅうこくけんぽう》を制定《せいてい》します（1788年）。

また、フランスでは重い税金に苦しんでいた貧《まず》しい市民や、産業革命《かくめい》によって力をつけた市民が王制《おうせい》を倒《たお》し、自分たちで政治をはじめます（フランス革命・1789年）。そのときにつくられた「フランス人権宣言」でも、おなじ枠組《わくぐ》みが決められました。

第2章　日本に憲法ができるまで

❶ 大日本帝国憲法の誕生

憲法をつくれ！　声をあげた人々

さて、日本ではどのように憲法が生まれたのでしょうか。江戸《えど》時代のおわり、アジアの国々は力をもったヨーロッパの国々の植民地になっていきました。危機感《ききかん》をもった日本の人々は、古い江戸時代の政治を変えて、ヨーロッパのような近代的な国づくりをめざし、明治政府をつくります。明治政府はヨーロッパと肩《かた》を並《なら》べるため、工業化や政治の改革を進めていきました（富国強兵《ふこくきょうへい》）。しかし、この改革ではヨーロッパのような人権や国民の政治への参加についてはなにも決められませんでした。そこで、ヨーロッパのような自由な国を求め、憲法をつくろうという声が国民のあいだで高まります（自由民権運動）。政府に憲法をつくらせるため、憲法や政治制度を考える集まりが全国で開かれていきました。

例えば、神奈川県五日市町（現・東京都あきる野市）の千葉卓三郎《ちばたくさぶろう》らは憲法についての学習会をひらき、人権や国民主権について触れた憲法案（五日市憲法）を作成し、世に問いました。また、高知県の植木《うえき》枝盛《えもり》は、自由民権運動を広げる活動のなかで、東洋大日本国国憲按《けんあん》をつくりました。国民が国家に抵《てい》抗《こう》する権利（抵抗権）など、先進的な考えが盛《も》り込《こ》まれました。

明治時代の東京の街並。西欧のまちづくりをまね、急激に近代化をとげました。

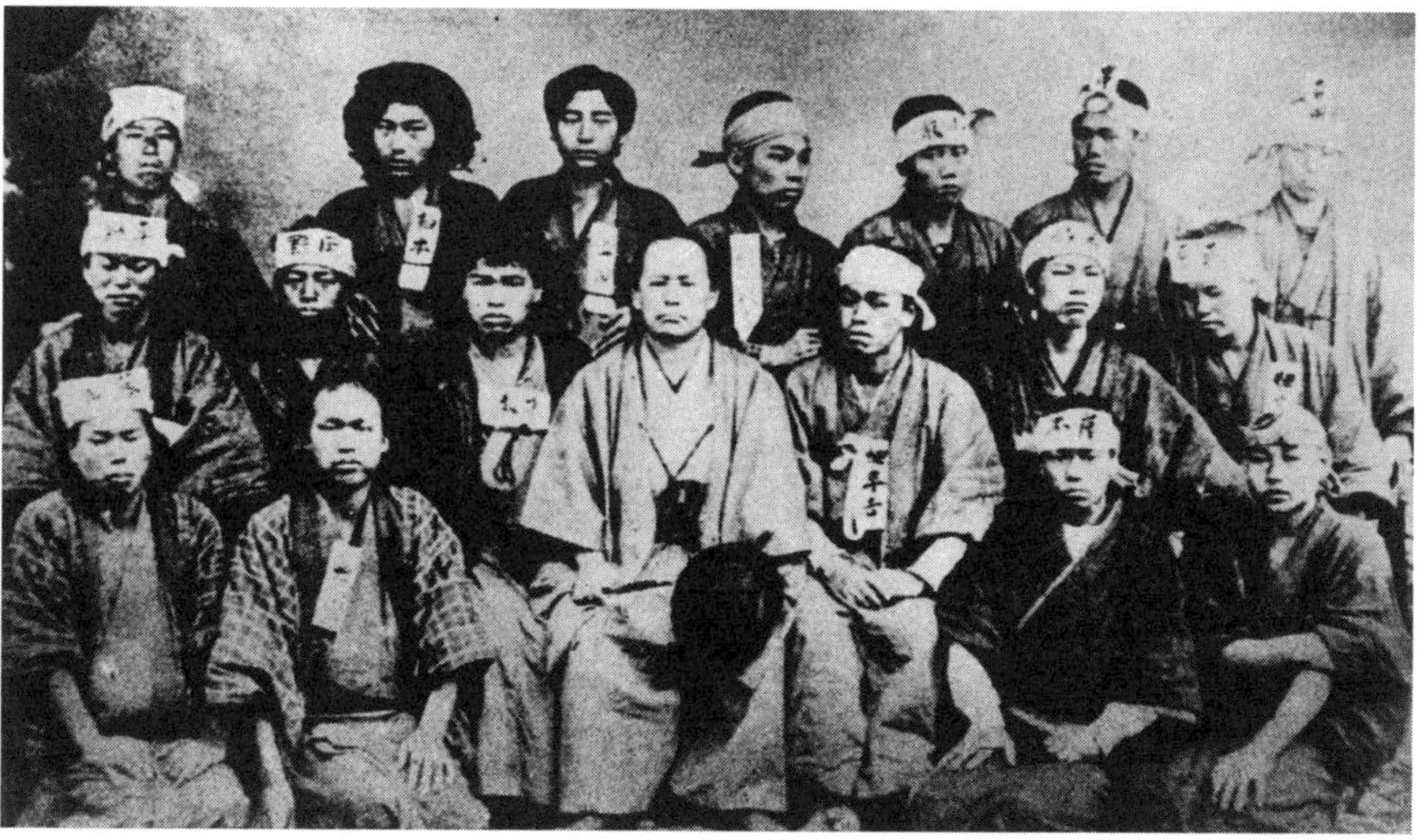

明治になると戦争に強い国となるために、徴兵制がしかれました。
そのための身体検査時の記念写真。

こういった憲法案は全国で40前後できました。やがて人々は結社という政治団体をつくります。そのなかには貧しさのあまり、高利貸《こうりが》しを襲《おそ》って借金をなくそうとする団体も見られるようになりました（秩父事件《ちちぶじけん》）。

国民の声が大きくなり、危機感をいだいた政府は、集会を禁止《きんし》したり（集会条例《じょうれい》）、新聞などで自由な報道《ほうどう》ができないようにする法律（新聞紙条例）をつくり、自由民権運動をおさえこもうとしました。

一方で、政府も憲法の必要性《ひつようせい》を知り、憲法づくりの準備《じゅんび》をはじめます。政府の命をうけた伊藤博文などは日本にふさわしい憲法を求め、ヨーロッパ諸国《しょこく》に調査《ちょうさ》にいき、帰国後、天皇《てんのう》の権限《けんげん》の強い独自《どくじ》の憲法案をつくります。こうして1889年（明治22年）に日本ではじめての近代憲法、**大日本帝国憲法**（明治憲法）が発布《はっぷ》されます。

もっとくわしく

伊藤博文《いとうひろぶみ》がめざした憲法って？

明治政府の準備した大日本帝国憲法は、伊藤博文がドイツ（プロイセン）の憲法をもとに考えたものでした。ドイツの憲法は、君主に強い権限が与《あた》えられていました。明治政府は天皇をトップにした政治をしようと考えていたので、フランスの憲法のような国民の人権が強い憲法より、ドイツの憲法のほうが都合がよいと考えたのです。また、伊藤博文は政治制度についても研究し、日本に近代的な内閣制度をつくり、初代総理大臣《そうりだいじん》に就任《しゅうにん》しました。

伊藤博文

❷ 見てみよう、大日本帝国憲法のなかみ

大日本帝国憲法（明治憲法）のおおまかな内容《ないよう》を見てみましょう。

主権（統治権《とうちけん》）は天皇にある［第1条］…国を治めるのは天皇であると定めています。天皇は神話の時代からつづく一族なので、日本を統治する正当性がある……という考えが用いられています。

重要な権限は天皇に［第4、10〜14条］…天皇には元首（第4条）としてたくさんの権限が与えられています。4〜6条では国を治める権限や、法律をつくり実行する権限、10条では官僚を選ぶ権限、11・12条では軍隊を動かしたり編制する権限、13条では外国と交渉する権限、14条では非常事態のときに人権を制限できる権限などが天皇にあるとされています。

徴兵などの「臣民の義務」［第20、21条］…「臣

大日本帝国憲法

第1章●天皇
- 第1条　天皇主権
- 第2条　皇位継承
- 第4条　統治大権
- 第10条　官制大権及び任官大権
- 第11条　統帥大権
- 第12条　編制大権
- 第13条　外交大権
- 第14条　戒厳大権

第2章●臣民権利義務

民」とは天皇の治める人民という意味で、国民のことを指しています。臣民の義務として、20条では成人男性は兵隊になることが義務づけられています（徴兵）。また21条では納税の義務もあります。

制限つきの「臣民の権利」［第19、22、29条］…臣民には、居住移転の自由、言論・出版・集会・結社の自由などが一応認められました。これらの権利は天皇が臣民に「与える」という形式になっていて、国家の都合によって法律で制限できるようになっています。

たとえば、第22条では「日本臣民は、法律の範囲《はんい》内において、居住及び転移の自由を有する」と定め、法律の範囲内でしか自由を認めないとしています。これを、**「法律の留保」**といいます。

一方、19条では江戸時代のように身分制度に縛《しば》られずに、だれでも自由に公務員《こうむいん》になる

第19条　公務への志願の自由
第20条　兵役の義務
第21条　納税の義務
第22条　居住・移転の自由
第29条　言論・出版・集会・結社の自由
第31条　非常大権
第3章●帝国議会
第33条　貴族院と衆議院
第34条　貴族院
第37条　立法の協賛
第4章●国務大臣及枢密顧問
第5章●司法
第57条　天皇の司法権
第6章●会計
第7章●補則
第73条　憲法改正

ことができると約束されています。

議会も裁判所も天皇のためのもの［第3～6章］…法律をつくる権限（立法権）は、議会にはなく、天皇が議会の賛成を得てつくるものとしています。また、裁判をおこなう権限（司法権）も天皇のものでした。現在の憲法の「内閣」にあたるものがないのは、天皇に内閣の役割（行政権）がそなえられていたためです。

貴族には特権があった［第33、34章］…議会には衆議院《しゅうぎいん》と貴《き》族院《ぞくいん》があり、貴族院は皇族《こうぞく》・華族《かぞく》など特権身分専用《せんよう》の議院でした。34条では、華族などは特権として、選挙なしで議員になることができると定めています。また、普通《ふつう》選挙が約束されておらず、女性《じょせい》は政治に参加できませんでした。

このように、大日本帝国憲法ではすべての権力が天皇に集中し、国民に主権はありませんでした。人権（臣民の権利）についても国が制限できる仕組みで、国民に自由で平等な暮らしを保障《ほしょう》する憲法ではありませんでした。

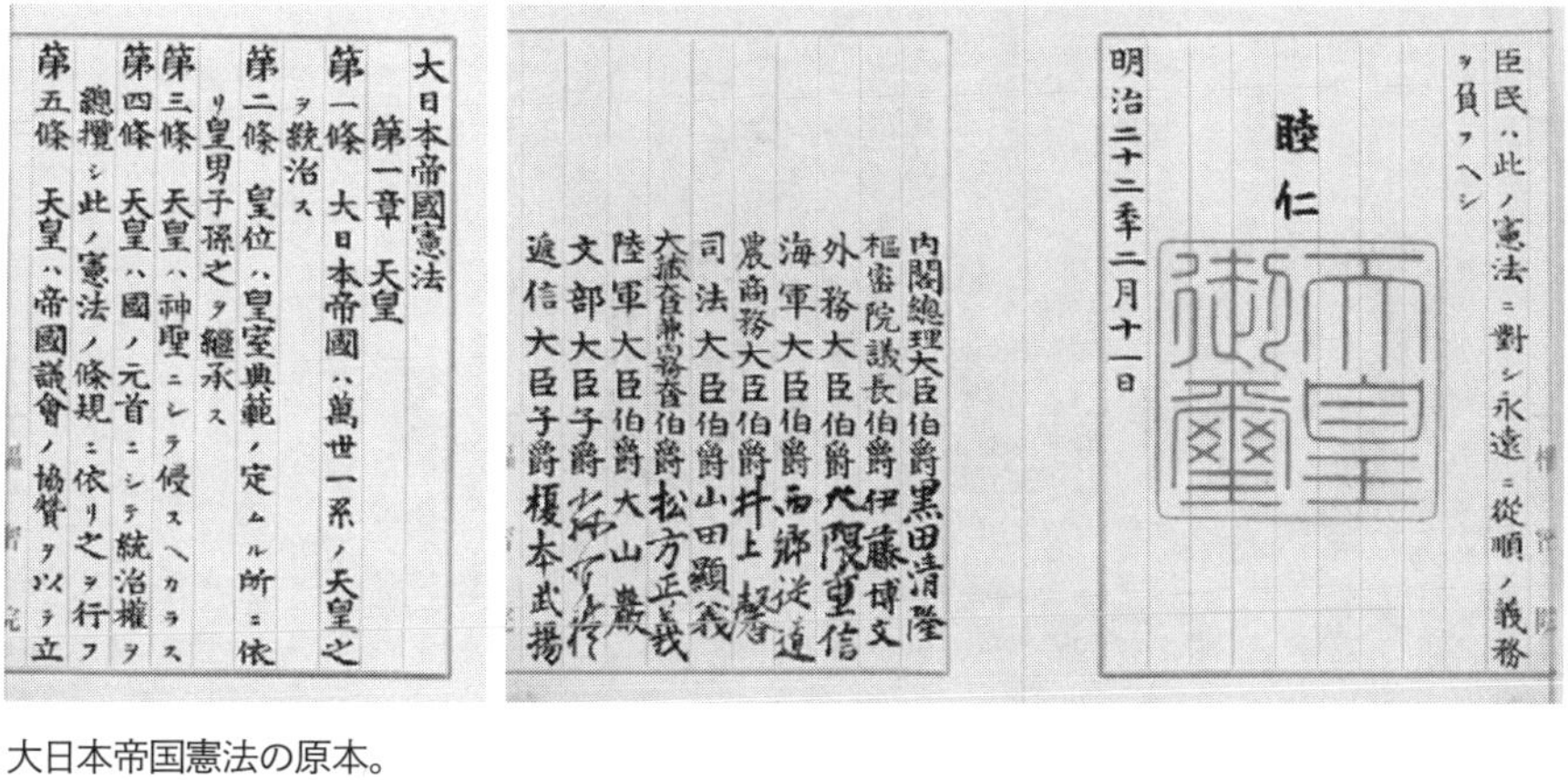
臣民ハ此ノ憲法ニ對シ永遠ニ從順ノ義務ヲ負フヘシ
睦仁
天皇御璽
明治二十二年二月十一日
內閣總理大臣伯爵黑田清隆
樞密院議長伯爵伊藤博文
外務大臣伯爵大隈重信
海軍大臣伯爵西郷從道
農商務大臣伯爵井上馨
司法大臣伯爵山田顯義
大藏大臣兼內務大臣伯爵松方正義
陸軍大臣伯爵大山巖
文部大臣子爵森有禮
遞信大臣子爵榎本武揚

大日本帝國憲法
第一章 天皇
第一條 大日本帝國ハ萬世一系ノ天皇之ヲ統治ス
第二條 皇位ハ皇室典範ノ定ムル所ニ依リ皇男子孫之ヲ繼承ス
第三條 天皇ハ神聖ニシテ侵スヘカラス
第四條 天皇ハ國ノ元首ニシテ統治權ヲ總攬シ此ノ憲法ノ條規ニ依リ之ヲ行フ
第五條 天皇ハ帝國議會ノ協贊ヲ以テ立

大日本帝国憲法の原本。

第3章　日本国憲法の誕生《たんじょう》

❶ 日本国憲法の誕生

戦争に突《つ》き進んだ日本

明治から大正、昭和にかけて近代化をとげ、力をつけた日本は、ヨーロッパ諸国のようにアジアに侵出《しんしゅつ》しようと、戦争をつづけていきます。朝鮮半島《ちょうせんはんとう》や満州（中国東北部）を植民地にし、中国や東南アジアに侵攻《しんこう》していきます。第二次世界大戦ではアメリカなどの連合国軍と戦い、沖縄にアメリカ軍が上陸。1945年（昭和20年）8月に広島、長崎へ原子爆弾《ばくだん》（原爆）が落とされ、多くの犠牲者《ぎせいしゃ》をだしました。ついに同年8月15日に降《こう》伏《ふく》し、降伏の条件としてポツダム宣言を受け入れます。ポツダム宣言では、民主的な、戦争をしない国に日本をつくりかえることが約束され、そのために、GHQ（連合国軍最高司令官・総司令部のこと。日本の占領《せんりょう》政策をまか

占領後、新聞に掲載されたマッカーサーと昭和天皇の写真。リラックスしたマッカーサーと直立不動の昭和天皇の姿が対照的です。

された連合国軍の機関）の最高司令官・マッカーサーが日本政府に大日本帝国憲法の改正を指示《しじ》しました。
改正をまかされた日本政府は、新しい憲法の案をまとめていきます。同時に、政党《せいとう》や民間の学者も、国民を中心とした新しい憲法案をつくっていきました。

続々と誕生した憲法案

なかでも有名なのが、鈴木安蔵《すずきやすぞう》らの憲法研究会がつくった憲法案です（コラム「いろいろな憲法案」、27ページ）。国民を主権者とし、天皇は象徴《しょうちょう》にするとした案で、この案はＧＨＱや日本政府にも届《とど》けられました。ＧＨＱはこの憲法案の翻訳《ほんやく》をおこない、日本国民が民主主義を求めていることを確信《かくしん》します。

一方、日本政府は天皇中心の国づくりにこだわりつづけました。その結果つくった憲法案は①天皇制を変えない、②人権は拡大《かくだい》するが、一部は法律で制限することができる、③主権は天皇のまま、④大臣は議会に責《せき》任《にん》をもつようにする、というものでした。つまり、大日本帝国憲法をちょっと変えるだけで、大枠《おおわく》は元のままというものだったのです。これを知ったマッカーサーは、日本政府に憲法改正をまかせられないと考えます。

それと同じころ、日本の首相・幣原喜重郎《しではらきじゅうろう》は、マッカーサーと会談し、新しい憲法に「戦争放棄」の規定を盛りこむことを提案しました。

他方、マッカーサーは、憲法を変えるにあたって、３つの条件をだします。それが①天皇を国の元首として認める（天皇を廃止《はいし》する必要はないが、政治的な力はもたせない）、②戦争放棄《ほうき》（戦争をしない）、③封建《ほうけん》的な華族制度・身分制度をなくす、というものでした。これにもとづいて、ＧＨ

日本国憲法案の作成当時（1945年）、総理大臣を務めた幣原喜重郎。戦前は外交官として、日本の戦線拡大をとめようとしました。

Q内部で改正の原案がつくられました。天皇制を残すことにこだわっていた日本政府はこの原案を受け入れ、日本政府案をつくりなおしました。こうして、新しい憲法案は議会の承認《しょうにん》をうけ、1946年（昭和21年）に日本国憲法として公布されます。

当時の新聞の世論調査《よろんちょうさ》では、象徴天皇制には85％、戦争放棄には70％の人々が賛成と答え、多くの国民の支持《しじ》のもとに憲法が施行《しこう》されたことがわかります。

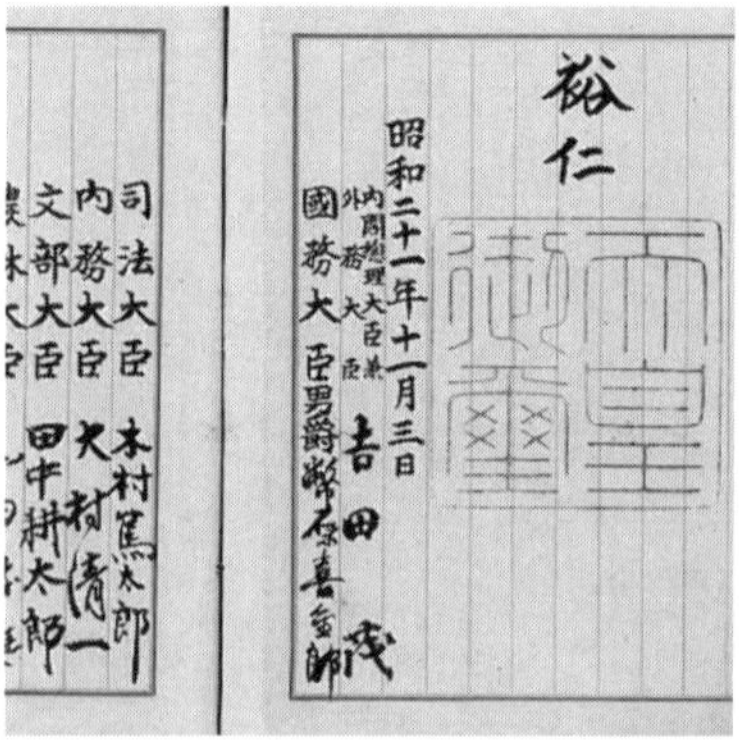

日本国憲法の原本。天皇と当時の大臣が承認のサインをしています。

もっとくわしく

日本国憲法案は帝国議会でどう審議されたの？

新しい憲法案は第90回帝国議会（1946年）で審議《しんぎ》されました。審議のポイントになったのは、国体（天皇が治める国家体制）の変更《へんこう》と主権の所在についてでした。主権についての表記が当初の憲法案ではあいまいだったため、前文が「主権が国民に存《そん》することを宣言し」、第1条が「主権の存する日本国民の総意《そうい》に基《もと》づく」と修正《しゅうせい》されました。他にも「生存権」を第25条に加えたり、国民の要件（日本国憲法・第10条）、納税の義務（第30条）、刑事補償《けいじほしょう》（第40条）などの権利が新設《しんせつ》されました。

こうして衆議院本会議では、賛成421票、反対8票という圧倒的多数《あっとうてきたすう》で可決《かけつ》されました。

❷ 見てみよう、日本国憲法のなかみ

主権者は国民［前文、第1章］…国の政治をおこなうのは国民とされています。一方、天皇は「象徴」とされ、政治的な力はなくなりました。

戦争はしません！［第2章］…戦争をしないことを決めています。そのための戦力ももたないとしています。他国との問題は、話し合いで解決《かいけつ》するとしました。戦争の放棄を定めた第9条は、戦争に明け暮《く》れた反省から生まれた、世界でも貴重《きちょう》な条文です。

国民には人権がある［第3章］…国民の人権について詳細《しょうさい》に書かれています。大日本帝国憲法のように「天皇から与えられた」権利ではなく、「侵《おか》すことのできない永《えい》久《きゅう》の」絶対《ぜったい》的な権利とされています。権利について定めた第3章は31条もあり、「人権のカタログ」とよばれています。

国の治め方について［第4～7章］…国会は法をつくる、内閣は法を実行する、司法は法を守る機関のことです。

日本国憲法

前文
第1章●天皇
第2章●戦争の放棄
第3章●国民の権利及び義務
第4章●国会
第5章●内閣
第6章●司法
第7章●財政
第8章●地方自治
第9章●改正
第10章●最高法規
第11章●補則

それぞれの権力がおたがいに監視《かんし》することで、権力の暴走《ぼうそう》を防ぐように考えられています。

地方には自治権がある［第8章］…地方のことは、その地方の住民が議会をとおして決めていくよう定めています。大日本帝国憲法には、地方自治の考え方はありませんでした。

憲法に反する法令は無効《むこう》［第10章］…憲法が他の法律（法令）よりも上にあり、憲法に違反《いはん》する一切の国内法は無効としています（下図）。

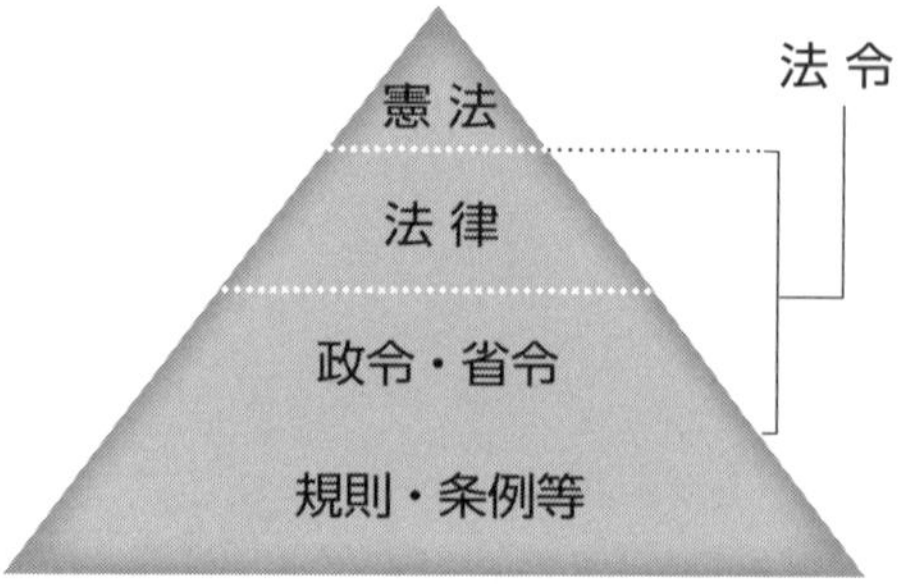

日本国憲法は、①国民主権（政治をおこなうのは国民）、②基本的人権の尊重（国民の人権について細かく保障）、③平和主義（二度と戦争を起こさない、軍隊をもたない）という3つの基本原理でなりたっています。

戦後最初の総選挙は1946年（昭和21年）4月10日におこなわれました。選挙法の改正で、20歳以上の男女が投票権を得て、はじめての選挙でした。選挙ポスターでは、投票権を得た女性に投票をよびかけています。

コラム　いろいろな憲法案

第二次世界大戦後の新しい憲法をつくるとき、たくさんの人々がそれぞれに憲法案を考えていました。どんなものがあったのでしょう。おもだった案を見てみましょう。

初期の日本政府内の案（松本案）

敗戦後、ＧＨＱの指示により、日本政府は憲法問題調査委員会をつくりました。そこで、国務《こくむ》大臣の松本烝治《まつもとじょうじ》を中心にしてつくった憲法案です。主権は天皇のままで、マッカーサーを失望させました。

特徴：●主権は天皇のまま・議会の権限を少しだけ強める／●大臣が議会に対して責任《せきにん》をもつ／●人権を拡大《かくだい》し、人権を守るための方法を定める

日本自由党案

日本自由党が決めた「憲法改正要綱《ようこう》」という憲法案です。大日本帝国憲法の枠組みを残した、保守的《ほしゅてき》なものでした。

特徴：●天皇は統治権をとりおこなうものとし、実質的《じっしつ》な天皇主権／●しかし、大日本帝国憲法よりは天皇の権

限を弱める（天皇大権の廃止）／●議会の権限を強める／●思想、言論、信教、学問、芸術《げいじゅつ》の自由を法律で保障する

日本社会党案

社会主義をめざす人たちで立ち上げた党で、「社会党憲法改正要綱」を発表しました。

特徴：●主権は国家（天皇を含む国民協同体）にある／●三権分立制（議会・内閣・司法）にする／●議会は二院制（衆議院・参議院）にする／●国民の人権は、自由権の他、生存権など社会権も認める

憲法研究会案

学者の高野岩三郎が、戦前から憲法を研究していた鈴木安蔵らによびかけてつくった憲法研究会の憲法案です。ＧＨＱも参考にし、日本国憲法の制定に大きく影響《えいきょう》しました。

特徴：●天皇はおもに国家的な儀式《ぎしき》をおこなう／●主権は国民にある／●国民は法の前に平等で、生まれや身分にもとづく差別を廃止する／●国民は健康で文化的な生活を営《いとな》む権利がある／●議会は二院制とする

ＧＨＱ案

マッカーサーの指示により、短期間でつくられた憲法案です。法律家などで構成《こうせい》された制作チームによって、日本の民間憲法草案（特に憲法研究会の「草案」）や、アメリカ合衆国憲法など、世界

各国の優れた憲法を参考にしてつくられました。日本政府はこれをもとに、あらたな政府案をつくり直しました。
特徴：●天皇は国、国民の統一の象徴とする／●主権は国民にある／●戦争や武力《ぶりょく》による威嚇《いかく》をしない。軍隊をもたない／●国民は侵すことのできない基本的人権をもつ。身分や階級などで差別されない／●国会は300人以上、500人以下の議員で一院制とする

日本共産党案

戦前は法律で禁止されていた共産主義の考えをもった人たちで立ち上げた政党の憲法案です。
特徴：／●天皇制は廃止する／●主権は人民にある／●人民は法の前に平等で、侵すことのできない基本的人権をもっている／●国会が一番上の国家機関で、一院制にする

日本政府案

GHQ案を原案として受け入れ、日本政府がつくった憲法案です。この憲法案が議会にはかられ、修正を重ねて日本国憲法になりました。
特徴：●主権は国民にある／●戦争や武力による威嚇をしない。軍隊をもたない／●国民は侵すことのできない基本的人権をもつ。身分や階級などで差別されない／●地方は自治権をもつ／●国民が憲法改正権をもつ

第4章　主権の行使としての憲法改正

❶憲法改正ってなに？

憲法は国の形を決める、とても重要なものです。法律や裁判などは、すべて憲法に基づいてつくられたり決められたりしています。だから、憲法を変えるということは、軽々しくできることではありません。また、憲法は権力者をしばるためのものです（立憲主義）。時の権力者の都合によってころころ変えられては、憲法としての意義を失ってしまいます。そのため日本国憲法では、憲法を変えるときは他の法律を変えるときとは異なり、国会議員だけではできないようにしています。国会議員の3分の2以上の賛成と、国民投票によって過半数の国民の賛成を得られなければ

憲法改正の手続き（憲法96条）

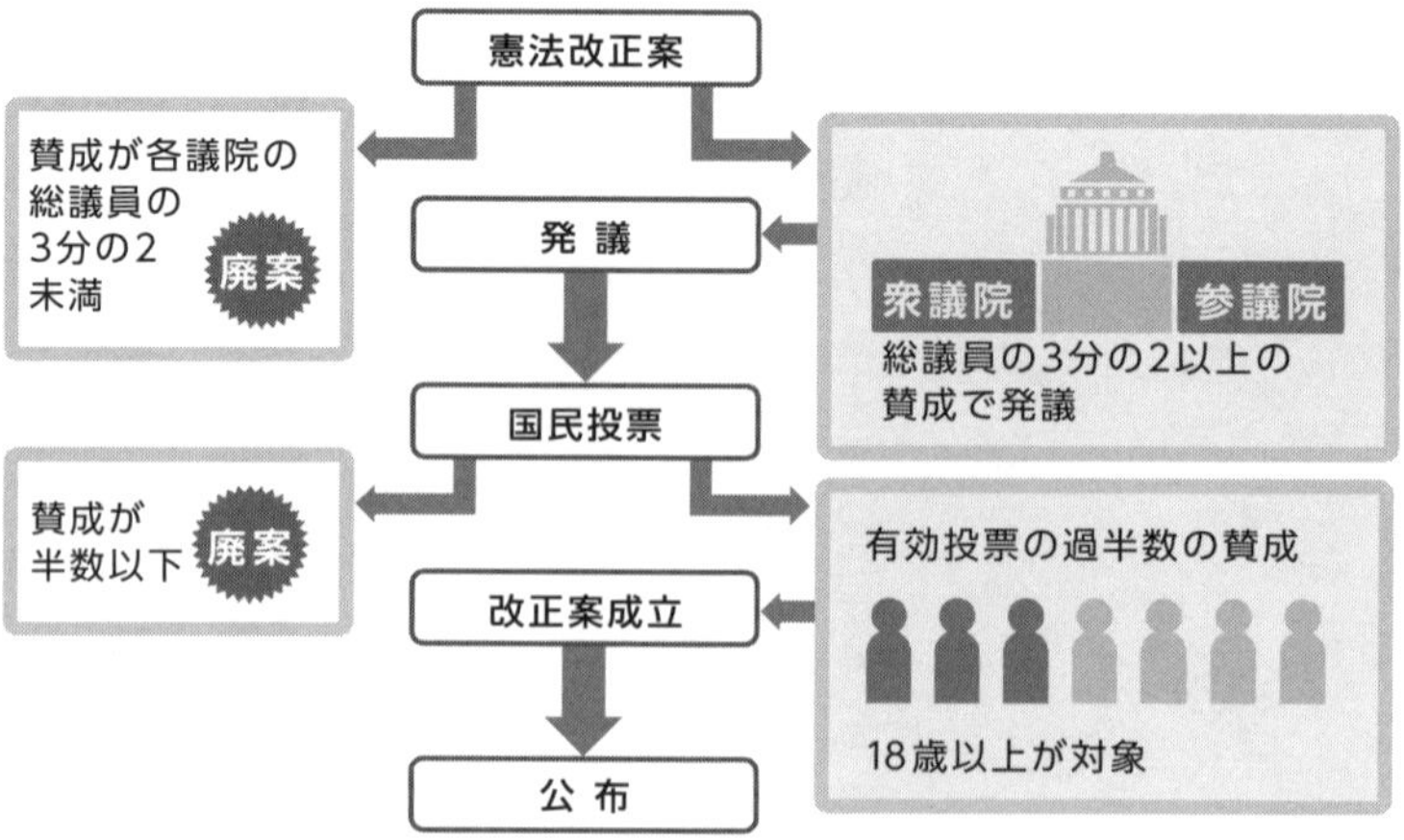

変えられないとしています。

また、憲法の一番大切な部分は改正できないと考えられています。日本国憲法では、基本原理である「平和主義」、「基本的人権の尊重」、「国民主権」の改正はできないというのが通説です。この3つがなくなったとき、「改正」の範疇《はんちゅう》をこえて「日本国憲法」ではなく、まったくちがう憲法になってしまうからです。

憲法改正は必要なの？

今の日本では、憲法改正の議論がたびたびおこっています。憲法を変えたほうがよいという人たち（改憲派）は、どのような主張をしているのでしょうか。

憲法を変えたほうがよいという意見

- 日本国憲法はＧＨＱに押《お》し付けられたものだから、自主憲法をつくるべきだ
- ９条を変えて、自衛隊を海外でも活動できるようにしたい
- 権利についてはたくさん書かれているが、義務についても増やすべきだ
- 憲法改正のハードルが高すぎるので、時代にあわせてもっと改正しやすくすべきだ
- 環境権《かんきょうけん》など、新しい権利をくわえるべきだ

一方、憲法を変えるべきではないという人（護憲派《ごけんは》）もたくさんいます。

憲法を変えるべきではないという意見

- 日本国憲法は長く日本人に支持されて定着している
- 平和憲法は、世界平和に貢献《こうけん》することができる
- 憲法9条があったことで、日本は戦争をせずにすんできた
- 憲法は権力の濫用を防ぐためのもので、国民の義務を定めるものではない
- 首相が独裁者のように好き勝手にできないよう、改正しづらい憲法でよい
- 新しい人権などは、現在の憲法の解釈《かいしゃく》で適用できる（日本国憲法・第13条）

というふうに、真っ向から対立しています。

憲法改正にあたって大切なことは、人類の努力によって人権が生まれ発展したことを考えながら、よりよい改正なのか、そうでないかを見極めていくことです。

もっとくわしく

世界ではどうなのかな？　憲法改正

●アメリカでは戦後6回、ドイツでは59回

アメリカの憲法は、有色人種や女性の人権の拡大のために多くの改正（修正）がおこなわれてきました。第二次世界大戦後も6回の改正がありました。

ただし、憲法の大切な部分はそのまま残し、うしろに新しい条項を追加するやり方です。国の議員の3分の2以上の発議と、50ある州の議会の4分の3以上の同意で改正ができます。

ドイツの憲法もたくさん改正されてきました。ドイツは第二次世界大戦後、東西に分裂《ぶんれつ》していました。しかし1990年代に東西が統一したり、ＥＵへ参加するなど、政治的に大きな変更があったため、改正が必要になりました。たくさんの改正がされましたが、ドイツの憲法は人権に関わる改正については認められていません。ドイツは戦前、ヒトラーによって、憲法で決められた人権が踏《ふ》みにじられてきました。その反省から、大切な条項は変えられないようになっているのです。

しかし、憲法改正を考えるとき、他の国と比べてどうなのかより、まず今の憲法をよく知って、本当に変える必要があるのかを考えることが大切です。

❷ 大日本帝国憲法と比《くら》べてみよう

「憲法の改正」について、二つの憲法を比べてみよう。

大日本帝国憲法（現代語訳）

第73条1項　将来、この憲法の条項を改正する必要があるときは、勅命をもって、議案を帝国議会の議に付さなければならない。

2項　この場合において、両議院は、各々その総員の三分の二以上が出席しなければ、議事を開くことができない。出席議員の三分の二以上の多数を得られなければ、改正の議決をすることができない。

日本国憲法

第96条　この憲法の改正は、各議院の総議員の三分の二以上の賛成で、国会が、これを発議し、国民に提案してその承認を経なければならない。この承認には、特別の国民投票又は国会の定める選挙の際行われる投票において、その過半数の賛成を必要とする。

日本国憲法では、改正も国民の権利の一つと考えられている

憲法を変えることも、国民にとっては主権をつかう大事な場面です。日本国憲法では国民の権利として憲法を変える条項が96条にあります。とくに厳《きび》しい規定《きてい》となっていて、国会での賛成だけでなく、国民投票もしなければなりません。国民の意思を十分に反映《はんえい》することをねらっていることがわかります。

一方、大日本帝国憲法では憲法を変えるときには、まず、天皇からの命令（勅命《ちょくめい》）がなければなりません。その上で、議会で多数を得て決めるという手続きになっています。つまり、国民がどんなに憲法を変えたいと思っても、天皇の命令がなければ変えられなかったのですね。

大日本帝国憲法は一度だけ改正されました。それが、敗戦によりポツダム宣言をうけいれ、日本国憲法になるときでした。

1946年、衆院本会議で憲法改正法案が可決。日本国憲法が生まれました。

コラム　天皇ってなに？

国の正式名称《めいしょう》を調べてみると、むずかしい言葉がついてくるのに気付きませんか。

フランスは「フランス共和国」、ドイツは「ドイツ連邦共和国《れんぽうきょうわこく》」、ベルギーは「ベルギー王国」、モナコは「モナコ公国」、ドバイは「ドバイ首長国」などです。

「共和国」「王国」「公国」「首長国」などは、その国に君主がいるかいないかを表します。君主とは、伝統《でんとう》的にその国を代表する地位にある人のことで、「共和国」は君主のいない国、「王国」は王、「公国」は公、「首長国」は首長がいる国、といったぐあいです。

君主がいるといっても、現代では実質的には権力をもたないよう憲法で決められた

象徴天皇の仕事（国事行為）

政治的な力をなくし、内閣の助言と承認にもとづいて12の国事行為をおこなっています（日本国憲法・第6、7条）。おもなものを紹介します。

「立憲君主制」の国がほとんどです。

日本の天皇はどうでしょうか。日本国憲法ができるまでは、天皇は君主（元首）として実《じっ》際《さい》に政治に大きな影響を与える存在でした。大日本帝国憲法では天皇は神話の時代から続く「万世一系」の系統《けいとう》で、日本を治める正統《せいとう》な一族と位置づけていました。人々は「現人《あらひと》神《がみ》」として天皇を敬《うやま》うよう教育されました。

しかし、第二次世界大戦に敗北すると、天皇はふつうの人間であることを宣言します（新日本建設に関する詔書《しょうしょ》、1946年1月1日）。GHQは、神が国を治めるといった迷信的《めいしんてき》な考えでは、国民が主権者の国づくりができないと考えたためです。しかし、日本を占領統治するために、引き続き天皇を利用しようとも考え、天皇制を廃止することはしませんでした。新しい日本国憲法

●外国の代表者の接待《せったい》

外国から政治上、大事なお客さんが日本にきた際、国民に代わって挨拶《あいさつ》をし、晩餐《ばんさん》会や会談などに招いて接待をします。日本のよいところをアピールし、日本に親近感をもってもらえるようにします。

●儀式的な行為

政府が文化勲章《くんしょう》や瑞宝《ずいほう》章《しょう》などを国民に与えるとき、天皇が授与します。

では天皇を「象徴」に位置づけ、政治に関わることは禁止したうえで、内閣の助言と承認のもとで、憲法が定めた国の行事（国事行為《こうい》）をおこなう役割をあたえています。

　ところで2016年、天皇は高齢で公務が負担になっていることを理由に、生きているあいだの退位を求める意見を公表しました。天皇はふつうの国民とはちがい、基本的人権などが認められない例外的な存在です。天皇の人権をどう保障するかも課題となっています。

　また、国事行為のみをおこない、政治への力をもたない象徴天皇がおこなう「公的行為」とはなにかということも、今後検討が必要です。

●内閣の手伝い

衆議院の解散《かいさん》、国会の召集《しょうしゅう》、法律ができたことや国会議員の総選挙をいつするかを国民にしめすなど、内閣の助言と承認にもとづいて国事行為をおこないます。

●総理大臣などを任命《にんめい》

内閣総理大臣、最高裁判所長官が選ばれたときには、天皇が任命する形式をとっています。

第2部
すみからすみまで国民主権

第1章　みんなで日本をつくり上げる！国民主権

❶ 国民主権ってなに？

日本国憲法には「国民主権」「基本的人権の尊重」「平和主義」という3つの大きな柱があります。それでは、国民主権とはなんでしょうか。「主権」とは政治のことを決める力のこと。つまり、国民主権とは「政治のことを決める力が国民にある」という意味です。なぜこんな考え方が生まれたのでしょうか。

そもそも、国はなんのためにあるの？

私たちはだれでも「幸せになりたい」という気持ちをかならずもっています。そして、幸せを求めて生きています。

しかし、日本国憲法ができるまでは、それが許されませんでした。地域や家の「しきたり」、「身分」などの決まりに縛られ、その決まりを守ることが個人の幸せよりも優先されていました。大日本帝国憲法のもとで戦争がはじまると、「お国のため」「天皇のため」といって、戦争を拒否することも許されませんでした。個人として自由で幸せに生きる権利は制限されていたのです。

日本国憲法には、「すべて国民は、個人として尊重される」（第13条）と書かれています。「個人として」というところが重要です。つまり、「しきたり」や「家」「国」「会社」「学校」などの一部であるあなたではなく、自分の人生を歩む「ひとりの人間」としてのあなたが大切だ、と書かれているのです。その上で、「生命、自由及び幸福追求に対する国民の権利については（中略）国政の上で、最大の尊重を必要とする」（日本国憲法・第13条）としています。つまり、日本という国は、私たち「個人」が自由で幸せに生きることを一番の目標にしている、といっているのです。

「そんなのあたりまえのことだ」と思う人もいるかもしれません。しかし、こういった考え方になる以前は、「国家があるおかげで個人がある」「国家の利益を守るために、個人が犠牲になってもしかたがない」という考え方が普通でした。大日本帝国憲法のもとでは、「お国のために死ぬ」ことが称えられ、それに反対する人は「非国民」とよばれていました。国民は天皇や国を支えるための存在にすぎなかったのです。

日本国憲法ではそうではありません。まず個人がいて、その個人が集まり、みんなが幸せに生きるために「日本」という国をつくり上げる、という考え方に立っています。そのために一人ひとりが国について考え、政治を決める力をもっています。それこそが「国民主権」なのです。

主権者として、どう生きるのか

私たちは日本という国がしっかり国民の幸せを実現するために、主権を使わなければなりません。私たち一人ひとりが日本をつくり上げているのです。でも、「主権を使う」ってどういうことでしょうか。わかりやすいのは、選挙で投票することです。しかし、そればかりではありません。

日頃からニュースや新聞をみて、社会で何が起こっているのか関心をもつこと、それについて周りの人たちと話しあうことこそ、主権者として大切なことです。「自分一人が行動してもなにも変わらない」とあきらめたり、無関心でいることは、主権を放棄していることと同じです。

もっとくわしく

大日本帝国憲法のもとでの弾圧

太平洋戦争のもとで、戦争に反対したり天皇の悪口をいう人々は弾圧されました。

「皇后《こうごう》陛下はべっぴんでないでないか」―徳島市・男性（20）ニュースを観覧中にこう話し、送致。

「天皇とはなんぞや。国民あっての天皇か、天皇あっての国民か」―横浜市・男性（22）職場の男子トイレや日記帳に書き、逮捕。

「自分の子はシンガポールで戦死したが、いくら国家のためとはいえ、親としてこれが泣かずにいられるもんか」―佐世保市・男性（51）銭湯で仲間に対してこう話し、送致。

「こんなに骨《ほね》折って子どもを育てても大きくなると天皇陛下の子だと言って（戦争に）もっていかれてしまうから嫌になってしまいますよ」―栃木県・女性（59）自宅前で友達と雑談でこう話し、検挙。

「大東亜戦争停止」―静岡県・男性（25）造船所の船に石で落書きし、送致。

（旧内務省警保局資料より）

❷大日本帝国憲法と比べてみよう

「主権」について、二つの憲法を比べてみよう。

大日本帝国憲法（現代語訳）

第1条　大日本帝国は、万世一系の天皇が、これを統治する。

第3条　天皇は、神聖であって、侵してはならない。

第4条　天皇は、国の元首であって、統治権を総攬し、この憲法の条規により、これを行う。

日本国憲法（前文）

日本国民は、正当に選挙された国会における代表者を通じて行動し、（中略）ここに主権が国民に存することを宣言し、この憲法を確定する。そもそも国政は、国民の厳粛な信託によるものであって、その権威は国民に由来し、その権力は国民の代表者がこれを行使し、その福利は国民がこれを享受する。（中略）われらは、これに反する一切の憲法、法令及び詔勅を排除する。

大日本帝国憲法では「天皇 ∨ 国民の命」だった

大日本帝国憲法では「天皇は、国の元首であって、統治権を総攬《そうらん》し」とあるように、主権は天皇にあり、法律をつくったり軍隊を動かす権限はすべて天皇にありました。また、「万世一系」といったり「神聖であって、侵してはならない」として、天皇を神格《しんかく》化しています。一方、国民は、天皇に統治される存在として「臣民」と位置づけられています。太平洋戦争末期、日本政府は主権者である天皇の地位が認められなくなることをおそれ、降伏の決断《けつだん》ができませんでした。その結果、沖縄での地上戦や原爆投下などで多くの国民が犠牲となり、戦争の被害を拡大させました。国民の命より天皇が大切にされていたことがわかります。

日本国憲法では、まず一番はじめに国民に主権があることを表明しています。また、前文の主語が「日本国民」となっていて、国家よりも国民が優位にあることを意識して書かれています。国（権力）は国民の代理として、国民の幸せのためにあり、国民主権に反するものは憲法でも認められないとして、徹底的に国民主権を貫いています。

ガマとよばれる洞窟から助け出される親子。太平洋戦争末期、アメリカ軍が沖縄に上陸。日本で唯一地上戦となり、12万人以上の犠牲をだしました。多くの住民がガマに隠れました。

コラム　主権の行使って、実際にはどうやるの？

国民みんながもっている「主権」。実際に、政治について決めるってどういうことでしょうか。

たとえば、「夏休みに学校のプールを自由に使えるようにしてほしい！」とあなたが考えたとします。主権者であるあなたには、なにができるでしょうか。

まずは、学校に相談してみましょう。校長先生に相談すると、「プールで事故が起きないように、監視する大人がいないと開放するのはむずかしい」とのこと。

だったら監視員を雇ってもらうか、ＰＴＡで親に監視してもらうのはどうでしょう？

その前に、賛同してくれる児童を集めましょう。あなた一人の意見だと、大人は聞く耳をもたないかもしれません。賛同してくれる子どもがたくさんいることをわかってもらうために、学校で署名を集めましょう。

さて、ＰＴＡの会長に相談すると、ＰＴＡで監視するには、ＰＴＡの会議でみんなの賛同が必要とのこと。平日は働いている親も多いからむずかしいかも、と返事が返ってきました。う―む！

では、監視員を雇ってもらうのは？　学校が使えるお金を決定しているのは市議会だから、市議会議員のAさんに相談してみましょう。

「確かにうちの市にはプールがないから、学校のプールを市民に開放するのはいいことだね」ですって！　Aさんに議会で取り上げてもらうことになりました。

とはいえ、市議会で他の議員さんにも賛成してもらわないといけません。予算は多数決で決まります。子どもだけじゃなくて、たくさんの市民にこの案を「いいね！」と思ってもらえれば、他の議員さんも賛同しますよね？

市議会議員のAさんのアドバイスで、インターネットであなたの考えを発表してみました。ビラもつくって、友達と一緒に駅前でまいてみました。新聞記者にも活動を紹介したら、記事にしてもらえそう！「いい考えだ！」と賛同してくれる声が、メールでたくさん届きました。他の議員さんにも要望書をもっていってみましょう。

一つの物事を決めるのに、みんなの意見をたくさん聞いて、多くの人に自分の考えを知ってもらわなければいけないことがわかりますね。大変だけど、だれかが勝手に決めるんじゃなくて、みんなで決めるとはこういうことなんです。選挙による多数決に参加することだけではなくて、社会をよくするために働きかけることこそが、主権の行使の醍醐味です。

第2章　議会制民主主義ってどんなもの？

❶ 国民の声を届けよう！　議会制民主主義

日本の人口は約1億2700万人です。国民に主権があるといっても、全員が国の政治に直接かかわり、政治について決めることは不可能《ふかのう》です。

そこで、選挙をとおして代表（議員）を決め、その代表が国会で話し合うことで主権を実現するよう、憲法で定めています（前文）。こういった、議会でみんなのことを決める方法を「議会制民主主義」といいます。

議会制民主主義を実現するために、憲法では国会のあり方について定めています（第4章）。また、性別《せいべつ》や財産の有無にかかわらず、国民すべてに「選挙権」（選挙で投票できる権利・憲法15条）、「被選挙権」（選挙に立候補する権利・憲法44条）、「請願権」（議会に請願できる権利・憲法16条）

日本の議会制民主主義の仕組み

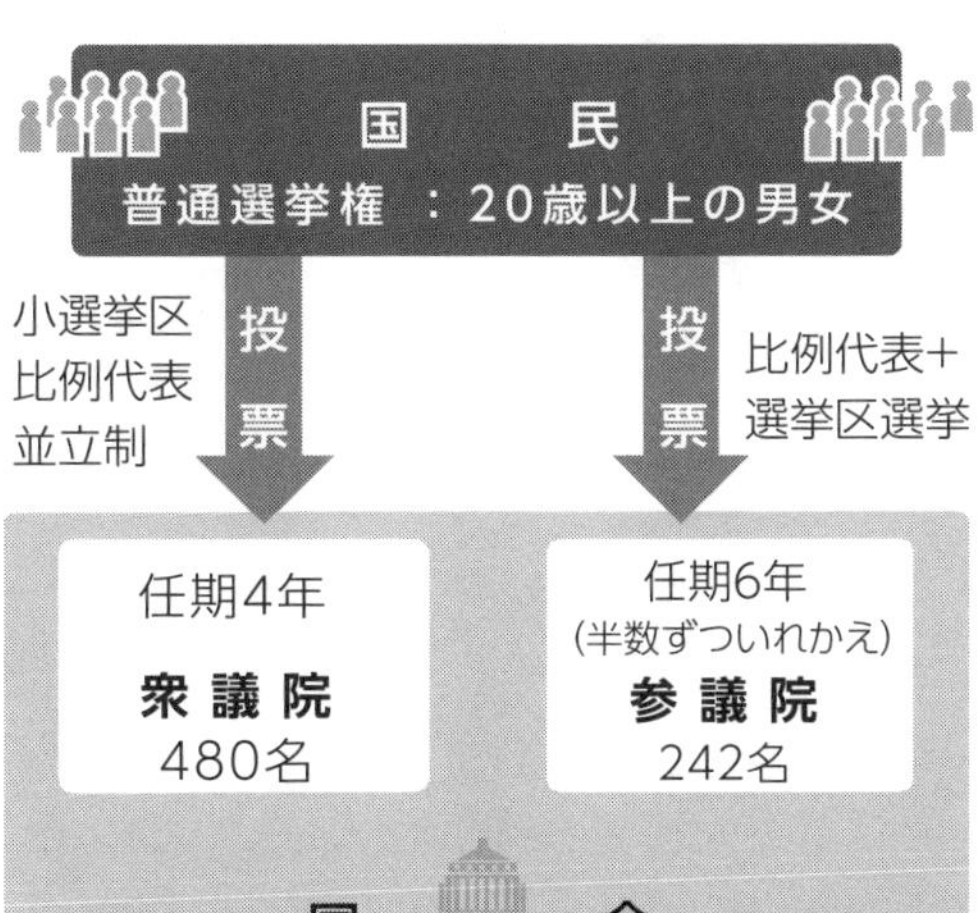

を約束しています。

さらに、日本国憲法では、国会をとても重要な機関として位置づけています。国民の代表機関（第43条）であり「国権の最高機関」（第41条）とし、「唯一《ゆいいつ》の立法機関」（第41条）ともしています。これは、議会制民主主義によって、国民の意見が一番強く反映される機関が国会だからです。国民の主権の実現のために、国会が一番重要な機関であるといっています。

国会は国民の声を聞いている

しかし、議会制によって完璧《かんぺき》に国民の主権が実現するとは限りません。ときには国民の意見を無視して議員が政治をおこなうこともあります。たとえば、議員や政党が企業《きぎょう》からお金を受け取り（企業献金《けんきん》）、国民の声よりも企業の都合を優先することがあります。また、選挙制度が不公平で、大きな政党に有利な結果がでやすく（小選挙区制）、少数意見が国会に反映されにくくなっています。政党が国から助成金をもらって運営されていることも問題です（政党交付金）。本来は支持してくれる国民から資金を集めるべきですが、国からお金が得られれば、政党が国民の支持を集める努力をしなくなってしまいます。このように、政治資金の不正をなくす仕組みづくりと、選挙制度をより公平なものにする必要があります。また、議会の外から声を上げることも大切です。たとえば署名活動やデモ、集会などで自分たちの意見を表明すれば、それが国会に大きな影響を与えます。議会制民主主義は、議会だけでなく、国民の運動や世論もあわせて完成するものといえるかもしれません（憲法21条）。

もっとくわしく

一番上位にあるのは憲法

●国会や国民の代表 ＜ 憲法

国会はえらい！　と説明してきましたが、じつはそれよりもえらいのが憲法です。国民の代表がまちがって独裁者にならないように、日本国憲法ではたくさんのしばりをかけています。たとえば、第81条では、「最高裁判所は、一切の法律、命令、規則又は処分が憲法に適合《てきごう》するかしないかを決定する権限を有する終審《しゅうしん》裁判所である。」と定めています。国会が憲法に反した法律をつくっても、最高裁判所が憲法違反の法律がないかチェックする仕組みがあります（違憲立法審査権《いけんりっぽうしんさけん》）。

●どんなにえらくても、公務員は憲法を守らなければならない

天皇も大臣も国会議員、裁判官も、公務員は全員憲法を守る法的義務を負っています（憲法尊重擁護《けんぽうそんちょうようご》義務《ぎむ》）。

憲法第99条では、「天皇又は摂政《せっしょう》及び国務大臣、国会議員、裁判官その他の公務員は、この憲法を尊重し擁護する義務を負う。」としています。

❷ 大日本帝国憲法と比べてみよう

「議会制」について、二つの憲法を比べてみよう。

大日本帝国憲法（現代語訳）

第5条　天皇は、帝国議会の協賛をもって、立法権を行使する。

第7条　天皇は、帝国議会を召集し、その開会、閉会、停会及び衆議院の解散を命じる。

第33条　帝国議会は、貴族院と衆議院の両院をもって成立する。

第34条　貴族院は、貴族院令の定める所により、皇族、華族及び勅任された議員をもって組織する。

第38条　両議院は、政府の提出する法律案を議決し、及び各々において法律案を提出することが

日本国憲法

第14条1項　すべて国民は、法の下に平等であって、人種、信条、性別、社会的身分又は門地により、政治的、経済的又は社会的関係において、差別されない。

第15条3項　公務員の選挙については、成年者による普通選挙を保障する。

第41条　国会は、国権の最高機関であって、国の唯一の立法機関である。

第42条　国会は、衆議院及び参議院の両議院でこれを構成する。

第44条　両院（衆議院・参議院）の議員、選挙人は、

できる。

人種、考え、性別など差別があってはいけない。
（44条のみ要約）

同じ議会制でも主権者がちがうとまったく別物

現在の日本では国民主権を実現するために、議会制民主主義を採用していますが、逆に議会があればそれで国民主権かといわれれば、まったくちがいます。

大日本帝国憲法にも「帝国議会」がありましたが、天皇主権のもとでの議会でした。法律を決める権限（立法権）は今の憲法のように議会ではなく、天皇にあり、議会はそれに「協賛《きょうさん》」するだけでした。また、選挙で選ばれるのは衆議院だけ（それも男性のみ）で、貴族院は選挙なしで皇族や華族が独占《どくせん》していました。衆議院で国民が望む法律が通っても、貴族院で否決《ひけつ》されれば廃案《はいあん》になる仕組みです。

このように、国民主権が土台になければ、議会があっても国民の幸せのための政治は実現できません。

日本国憲法では、国民はすべて平等に政治に参加できるとし、18歳以上で日本国籍があればだれでも投票をおこなうことができます。また、法律をつくることができるのは、国民が選んだ議員で構成される国会だけと決められ、国民の主権の実現が図られています。このような議会を「議会制民主主義」といいます。

もっとくわしく

議会制民主主義の公平性を守るために 50年闘《たたか》った弁護士《べんごし》

選挙では、ひとり一票があたりまえです。しかし、この一票が地域によって実際には0・25票しかない場合があります。どういうことでしょうか。

たとえば衆議院小選挙区制選挙の場合、立候補する候補者は全国で約1300人もいます。1300人の名前や政策を一つひとつ覚えることはむずかしいでしょう。そこで、日本を300の区域《くいき》に分け、その区域ごとに選挙をおこなう方法をとっています。

しかし、この方法だと、区域ごとの人口の差によって有権者一人あたりの

●本来は…

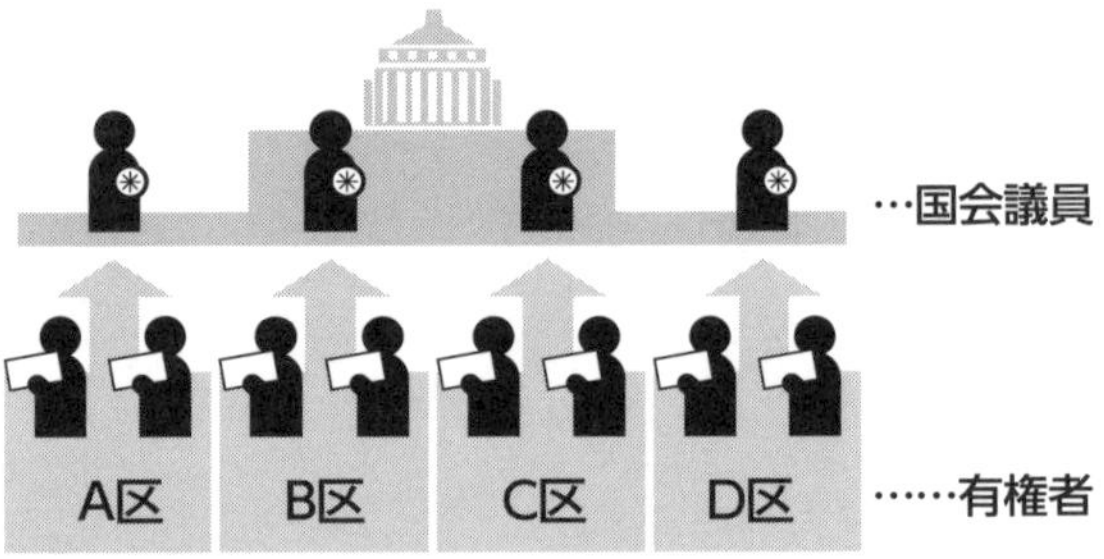

●現状では…

議員数がちがってくるため、一票の価値《かち》に格差が生まれてしまいます（右ページ図）。

この問題を1962年、弁護士の越山康《こしやまやすし》さんが「東京都民の一票は鳥取県民の4分の1の価値しかないのはおかしい」と裁判所に訴《うった》えました。最高裁大法廷の判決《はんけつ》は、議員定数の配分は「国会の権限に属《ぞく》する立法政策の問題」と突き返しました。しかし、その後訴えが認められ、少しずつ格差が縮《ちぢ》められています。

国民の主権を実現するためにもっとも重要な一票。その公平性を守るために50年にわたって闘ってきた人たちがいるんですね。

一票の格差をめぐる裁判の判決

1962年	越山康さんが62年参院選の無効を求めて初の提訴
76年	最高裁が72年衆院選で初の違憲判断（最大格差 4.99倍）
85年	最高裁が83年衆院選で2度目の違憲判決（最大格差 4.41倍）
96年	最高裁が92年参院選で初の違憲状態と判断（最大格差 6.59倍）
2009年	升永英俊弁護士らのグループが提訴
11年	最高裁が09年衆院選を違憲状態と判断（最大格差 2.3倍）
12年	最高裁が10年参院選を違憲状態と判断（最大格差 5倍） 国会が衆院定数の0増5減を可決
13年	12年衆院選をめぐり、広島高裁と同岡山支部で初の選挙無効判決

第3章　国は3つの権力をもっている

● 3つの権力ってなに？

権力とは、国民に強制する力のことです。たとえば、警察は犯罪《はんざい》を犯《おか》した疑《うたが》いがある人を逮捕することができます。裁判所は裁判で有罪になった人に刑罰《けいばつ》をあたえることができます。また、税務署《ぜいむしょ》は税金の滞納《たいのう》などを理由に財産を差し押さえることができます。こういったことは普通の人や企業、団体には絶対にできない行為です。しかし、それが法律で認められている人や機関があります。こういった人や機関がもつ力が、権力です。

具体的な権力の種類には次の３つがあります。

①立法権＝国会（憲法第４章）

私たちは法律で決めたルールの中で暮らしています。この法律をつくる権限のことを、「立法権」

衆議院での本会議の様子

といいます。日本国憲法では立法権は、唯一国会にあると定められています（48ページ）。法律は国民をしばるものなので、慎重《しんちょう》につくらなければなりません。選挙で選ばれた議員が国民の利益《りえき》にあったものかどうか、国会で話し合って法律を決めていきます（左図）。

国会には衆議院と参議院の二つの議院があります。衆議院は任期《にんき》が４年、参議院は６年です。一つ

法律のできるまで

1. 議案の提出

議員と内閣の二つが、議案を提出できる
（参議院で先に審議する場合もある）

2. 衆議院委員会で審議

3. 衆議院本会議へ

委員会の審議が報告される
出席議員の過半数の賛成で可決

4. 参議院委員会で審議

委員会の審議が報告される出席
議員の過半数の賛成で可決

5. 参議院本会議へ

6. 法律の公布

の法案が、両議院で議論されることで、より議論を深めることができます。

国会では法律をつくるだけでなく、他にも次のような仕事（職務）があります。

❶予算の議決…内閣がつくった予算案（税金の使い方の案）を議論し、決めていきます。
❷条約の承認…内閣が外国と結ぶ条約を承認します。
❸内閣総理大臣の指名…国会議員のなかから内閣総理大臣（首相）を選びます。
❹弾劾《だんがい》裁判所の設置…悪いことをした裁判官を辞めさせるかどうかを決める裁判をおこないます。
❺国政調査…証人喚問《しょうにんかんもん》など、政治全般《ぜんぱん》に対する調査をおこないます。
❻内閣不信任案の提出《ていしゅつ》…内閣総理大臣と国務大臣を辞めさせる案を提出します（衆議院のみ）。
❼憲法改正の発議…憲法を改正する提案をします。

②行政権＝内閣（憲法第5章）

国会でつくられた法律ですが、その法律に従って実際に政治をおこなう必要があります。政治をおこなう権限を「行政権」とよびます。

では、行政権はだれがもっているでしょうか。たとえば税金を納めなかったとして財産の差し押さえをするのは税務署です。その税務署を管轄《かんかつ》しているのは、省庁《しょうちょう》のなかでも財務省《ざいむしょう》という省です。このような省は全部で11あり、それぞれの役割を担っています（左図）。

そして、これらの省庁をまとめているのが、内閣です。内閣は、国会で選ばれた内閣総理大臣と、

中央の国会議事堂を囲むように建ちならぶ各省庁のビル

省庁の種類とおもな役割

財務省	税金の徴収・国家予算の編成などに関する仕事
総務省	地方自治・消防などに関する仕事
外務省	外国との交流・外交問題に関する仕事
国土交通省	ダム・道路・鉄道などの建設などに関する仕事
経済産業省	商工業の発展に関する仕事
厚生労働省	医療・福祉・労働問題に関する仕事
法務省	法律の整備や国の利害に関係する裁判などに関する仕事
文部科学省	学校教育や研究活動に関する仕事
農林水産省	農業・林業・水産業に関する仕事
環境省	環境問題に関する仕事
防衛省	自衛隊に関する仕事

●その他にも行政権をもっている特別な機関があります。

国家公安委員会	全国の警察の最高機関
公正取引委員会	違法な方法で利益を独占する企業を取り締まる機関
中央労働委員会	労働者と経営者の対立問題を解決するための機関
公害等調整委員会	公害の被害者と加害者の意見を調整し、問題の解決を手助けする機関
人事院	公務員の採用や給料の管理、公務員の労働条件のチェックなどをおこなう機関など

総理大臣が選んだ国務大臣で構成されています。つまり、行政権は、内閣がもっています（65条）。

③司法権＝裁判所（憲法第6章）

憲法にもとづき法律が正しく使われているのか判断し、法律に従わない人を罰する権力のことを「司法権」といいます。司法権は裁判所がもっています。また、司法権は国会や内閣から独立し、憲法と法律だけに基づいて判決をだします。（司法権独立の原則・第76条1項）

裁判所は5種類あり（下図）、基本的に裁判は慎重におこなうために3回までできます（三審制）。また、裁判の種類には次の3種類があります。

❶刑事裁判…犯罪を犯した疑いで逮捕された人を裁く裁判です。有罪の場合は、罰金や懲役《ちょうえき》、死刑《しけい》などを言い渡します。

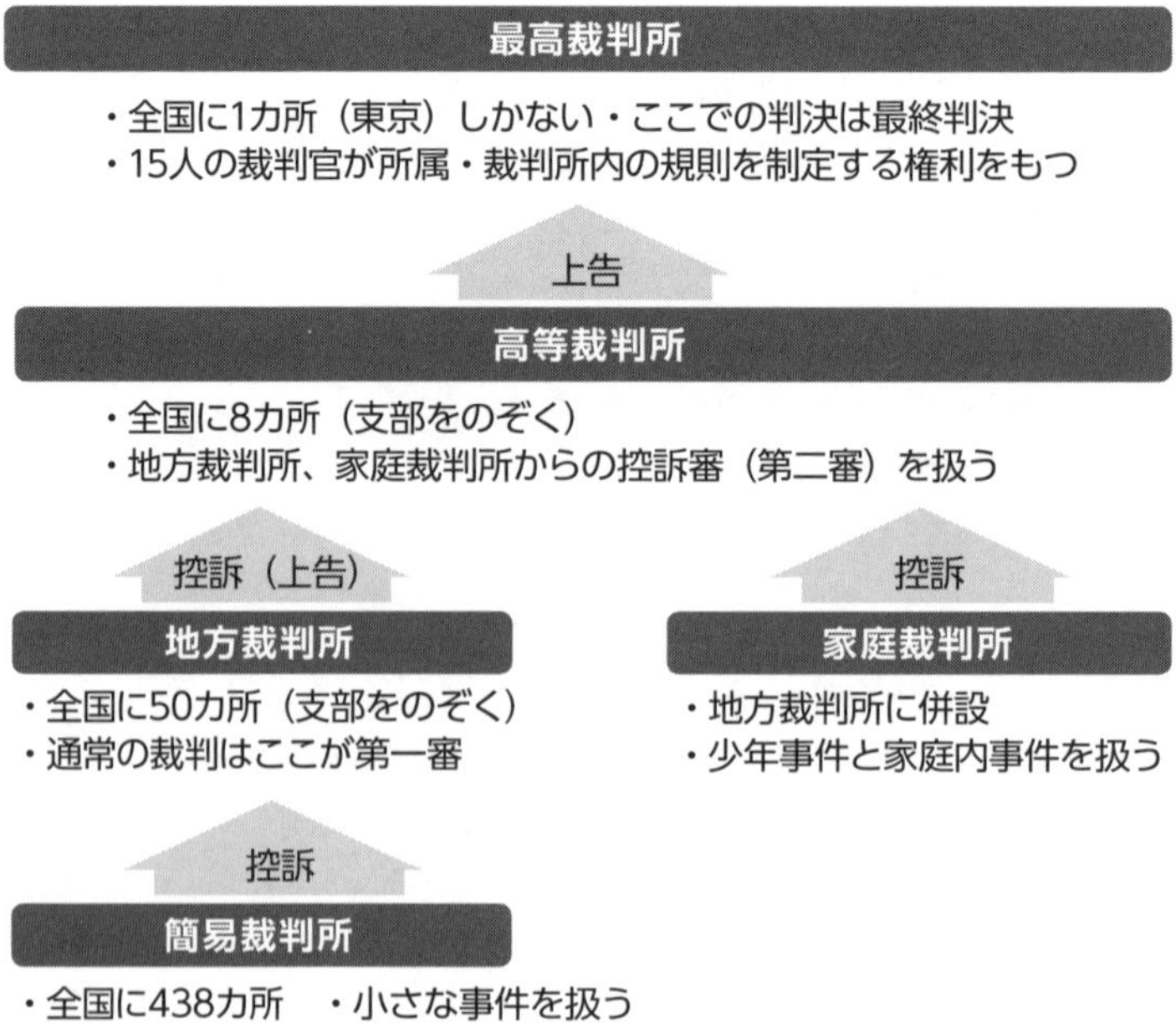

最高裁判所
・全国に1カ所（東京）しかない・ここでの判決は最終判決
・15人の裁判官が所属・裁判所内の規則を制定する権利をもつ
上告
高等裁判所
・全国に8カ所（支部をのぞく）
・地方裁判所、家庭裁判所からの控訴審（第二審）を扱う
控訴（上告）
控訴
地方裁判所
・全国に50カ所（支部をのぞく）
・通常の裁判はここが第一審
家庭裁判所
・地方裁判所に併設
・少年事件と家庭内事件を扱う
控訴
簡易裁判所
・全国に438カ所　・小さな事件を扱う

最高裁判所の大法廷

❷民事裁判…生活のなかでのトラブルを解決するための裁判です。裁判所に訴えた人の言い分が正しいか正しくないかを判断し、正しければ被告に賠償金《ばいしょうきん》の支払いなどを命じます。

❸行政裁判…国民が国や地方自治体を訴える裁判のことです。税金の使われ方に問題があったり、職員に不正があった場合などにおこします。

こういった裁判以外にも、憲法に違反した法律がないかを判断する「違憲立法審査権」という権限が裁判所には備《そな》わっており（49ページ）、国会でつくられる法律が憲法に違反していないかを見張る役割があります。そのため、とくに最高裁判所は「憲法の番人」ともよばれています。

もっとくわしく

日本国憲法は特別裁判所の設置を禁止している（憲法第76条2項）

日本では先ほどの5種類以外の裁判所（特別裁判所）をつくることを禁止しています。

じつは大日本帝国憲法のころには、内閣には行政裁判所、軍隊には軍法会議、皇族には皇室裁判所とよばれる特別裁判所がありました。そこではそれぞれが都合のよい裁判を勝手におこなうことがありました。

そこで、日本国憲法では公正を期すため、総理大臣も、自衛隊員も、皇族も、日本人は全員同じ種類の裁判所で裁こうということになっているのです。

第4章　三権分立で権力を分ける

❶ 権力の暴走を防ぐ――三権分立

権力が個人や特定の組織に独占されると、どんなことがおきるでしょうか。自分たちの意見に反対する人たちを抑え込むために、反対する人や団体の行動を規制《きせい》したり、都合の悪い情報《じょうほう》は隠《かく》したり、果てはいろいろな理由をつけて言論を統制《とうせい》したり反対する人を逮捕する…なんていうことがおこるかもしれません。

歴史的にも、18世紀に革命をおえ国民主権を実現したフランスで、ナポレオン将軍が国民の圧倒的支持を得て、皇帝になってしまいます。また、ヒトラーもドイツ国民の支持のもと、独裁者になりました。

ここで注目しなければならないのは、ナポレオンもヒトラーも、国民投票や国会議員選挙で認められて、独裁者になっていった点です。つまり、民主主義のもとでも国民に選ばれた代表が強い権力をもち、暴走する危険性が常にあるのです。

そこで、憲法の出番になります。18世紀のフランスで、権力を独占する王の政治をみてきたモンテスキューは、権力を分け、お互いを監視する仕組みが、独裁防止になると考えます（三権分立）。その考えは広がり、現在、世界の多くの憲法では、立法・行政・司法などの権力を分けています。

日本国憲法のもとでの三権分立のしくみ

日本国憲法では、内閣は行政権の行使について、「国会に対し連帯して責任を負う」(66条3項)としています。お互いが完全に対立するのではなく、信頼関係を保ちながら政治をおこなっています。

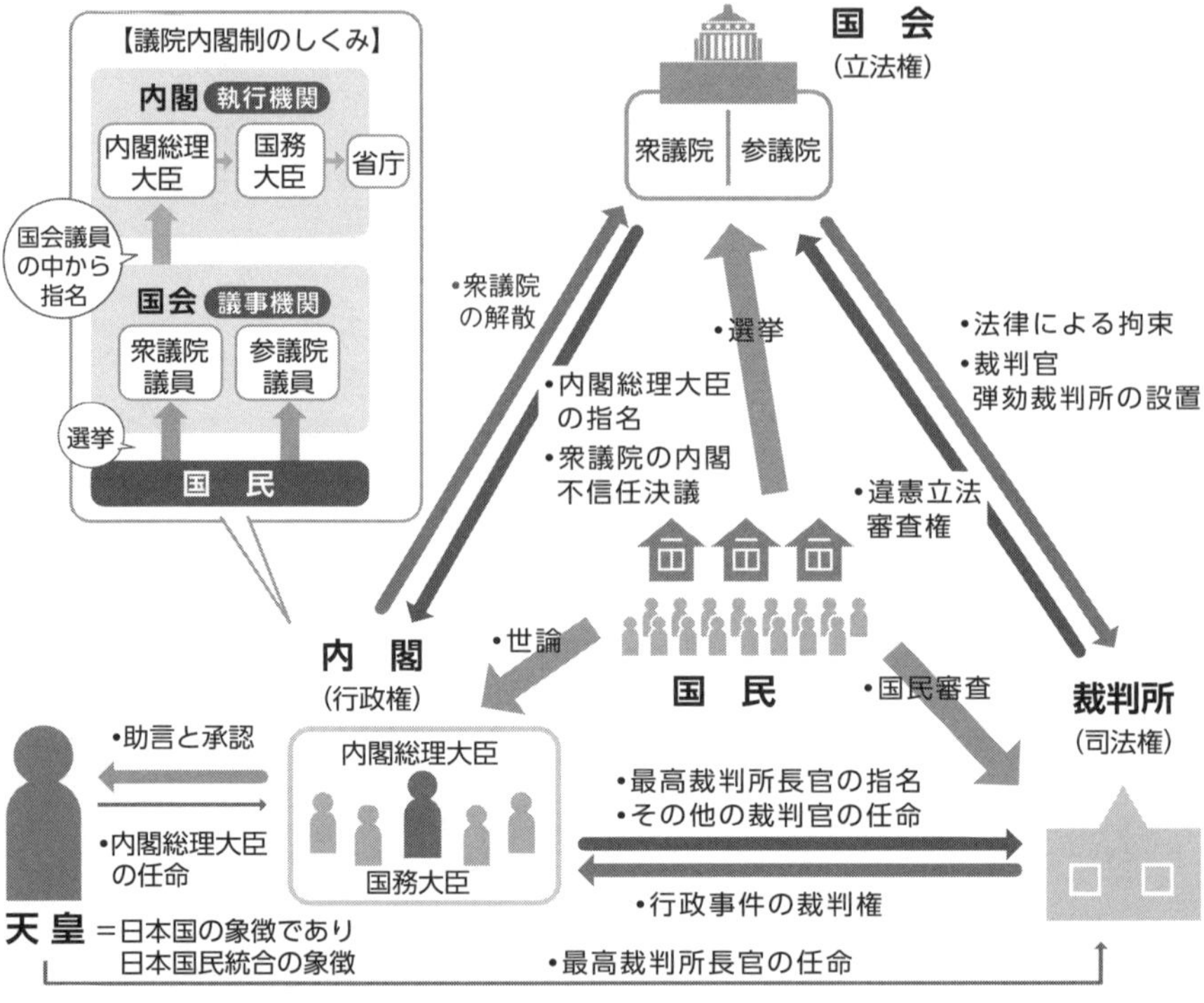

アメリカ・大統領制はどうだろう?

アメリカでは大統領制を採用しています。大統領制はさらに厳格な三権分立です。日本のように議会と内閣が協力関係になく、完全に独立しています。

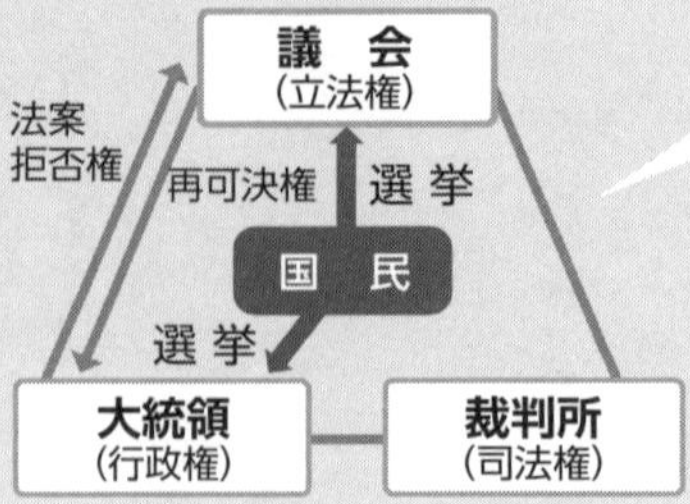

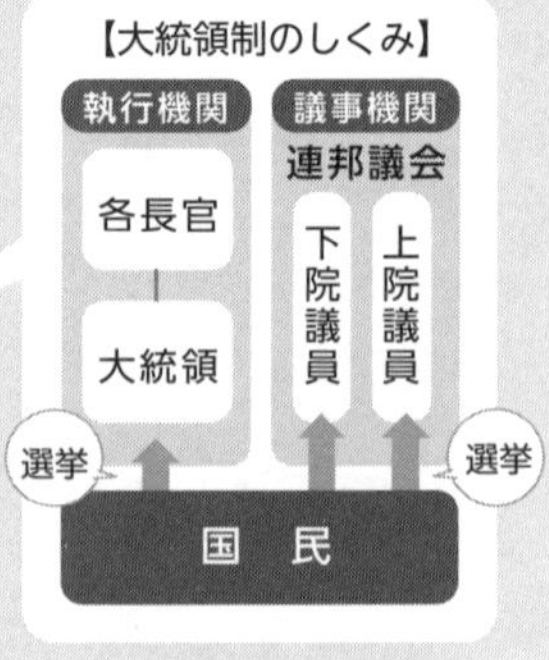

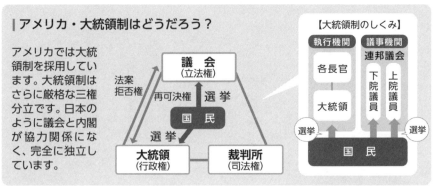

もっとくわしく

他にも権力を分ける工夫がたくさんある

複数政党制

政党とは、実現したい政策が同じ人どうしが集まった団体のことです。日本では「政党政治」といって、大きな政党が政権をとっています。中国や北朝鮮では共産党だけが政党として認められ、他の政党は認められていません。大日本帝国憲法下の議会でも、第二次世界大戦中、すべての政党が解散させられ、「大《たい》政翼賛会《せいよくさんかい》」と一つになりました。日本国憲法では結社の自由が認められ（21条）、国会でいろいろな考えをもった政党が自由に意見をかわしています。複数政党制も権力の分立の役割を果たしています。

政府から独立している地方自治体

日本国憲法では地方自治体は国から独立した機関になっています。大日本帝国憲法では地方団体はあくまで国の下位組織でした。地方議会が政府に要望や意見をいうことがありますが、これも権力の分立に役立ちます。

❷ 大日本帝国憲法と比べてみよう

3つの権力はすべて天皇が握《にぎ》っていた

大日本帝国憲法は下図のような権力の構造になっていました。天皇が立法権、行政権、司法権のすべての権力をもっていました。権力どうしがお互いの監視をすることはなく、すべての決定を天皇が下すことが可能でした。

また、軍隊は内閣から独立して行動ができ、議会や内閣に相談せず、勝手に戦争を起こしていました（満州事変《まんしゅうじへん》など）。こうした制度のもと、戦争に反対を唱える人たちや天皇制に反対する人たちを弾圧する法律（治安維持法など）がつくられ、人々の人権は抑圧されていきました。

大日本帝国憲法での権力の構造

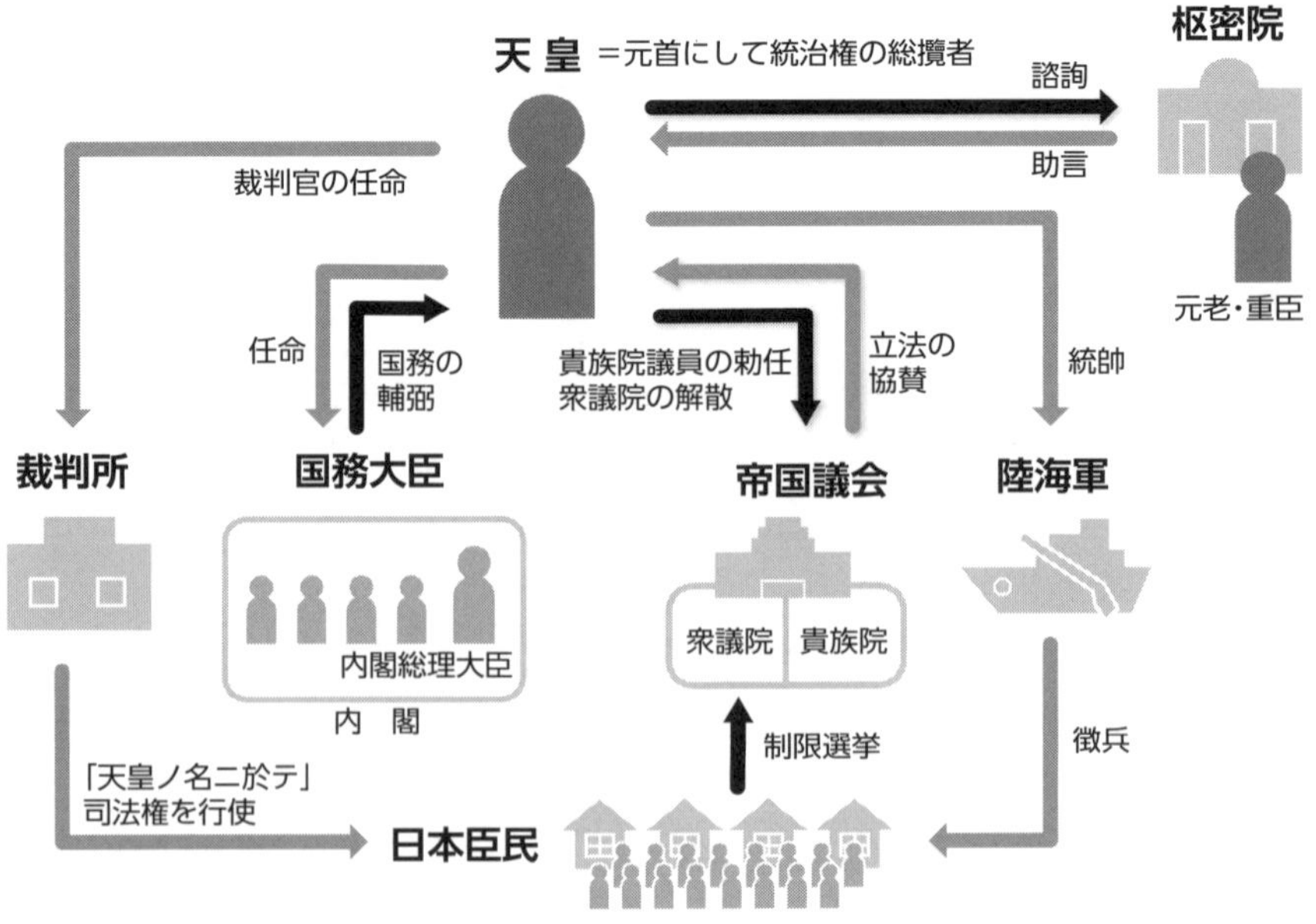

もっとくわしく

権力の暴走をとめるために声をあげる市民

三権分立によって、日本の権力がバランスよく働いているかといえば、そうともいえません。日本では国会議員の中から内閣総理大臣を選び、国務大臣も国会議員の中から過半数を選ぶことになっています（議院内閣制、62ページ）。つまり、国会と内閣は非常に関係が深く、内閣から提案された法律が国会で一方的に決まってしまうということがあります。

また、行政権が大きくなりすぎていることも問題です。国の政治はとても複雑です。国会でつくった法律を具体的に使えるものにするため、その下にさらに詳しいことを決めた「政令《せいれい》」をつくらなければなりません。そういった作業をしているのが、各省庁の国家公務員（官僚）ですが、ときに国会議員よりも官僚のほうが政治に詳しくなり、官僚が必要と思う法律案を内閣が提案し、決まっていくという実態があります。現に、法律の80％以上は内閣が提出したものです。

そこで、国民自身が、国会で審議される法案が国民の利益に反しないか注視《ちゅうし》することが大切になります。たとえば、2003年から3度提案されている「共謀罪《きょうぼうざい》」法案。これは、重大な犯罪を組織的におこなおうと共謀（相談）したとき、実際に犯罪を起こさなくても、それだけで罰するという法律案です。

一見必要な法律に見えますが、刑事法の原則では、実際に犯罪が起こらなければ処罰できません。この法案をつかって政府に反対する意見の人を逮捕する恐れもある……法案の提出にたくさんの市民が反対しました。その結果、2003年から3度法案が提出されましたが、3度とも廃案になっています。

コラム　民主主義の学校、地方自治

地域のことは地域の住民が決める、ということを「地方自治」といいます。国・政府は、日本という大きな枠組みの中で物事を決めます。しかし、都道府県や市町村などの公共事業や学校の運営、ごみの収集など、生活に身近なことは、その地域に住んでいる人たちで決めることができます。

大日本帝国憲法では、「地方自治」についての規定はありませんでした。地方団体はあくまで国の子分のような存在でしかなかったからです。

一方、日本国憲法では、8章で地方自治について定めています。地方自治について、国が口出ししてきたり自治をゆがめないように、憲法で保障する内容です（制度的保障）。じつは憲法が地方自治を定めているのには、ねらいがあります。一つは、生活に密接に関わる地方自治体を治める経

地方自治体の仕事　おもなもの

- 高齢者福祉
- 産業の振興など
- ごみ処理
- 上下水道
- 学校
- 消防
- 図書館
- 保健

験をもとに、国民が民主主義について理解することです（住民自治）（93条2項、95条）。そのため、地方自治を「民主主義の学校」とよぶことがあります。

もう一つは、国から独立した地方自治体をつくることで、国の権力を分散し、抑える役割を期待しています（団体自治）（94条）。たとえば、国が国民の意思とは外れた政治をおこなったとき、地方自治体が国に要望書や意見書をだすことがあります。こういった行動は法的な拘束力《こうそくりょく》はなくても、国民の世論を表すもので、国の権力の濫用《らんよう》の歯止めの一つとして働きます。

地方自治の仕組みをみてみよう

地方自治体の政治は、国の仕組みとち

地方自治のしくみ

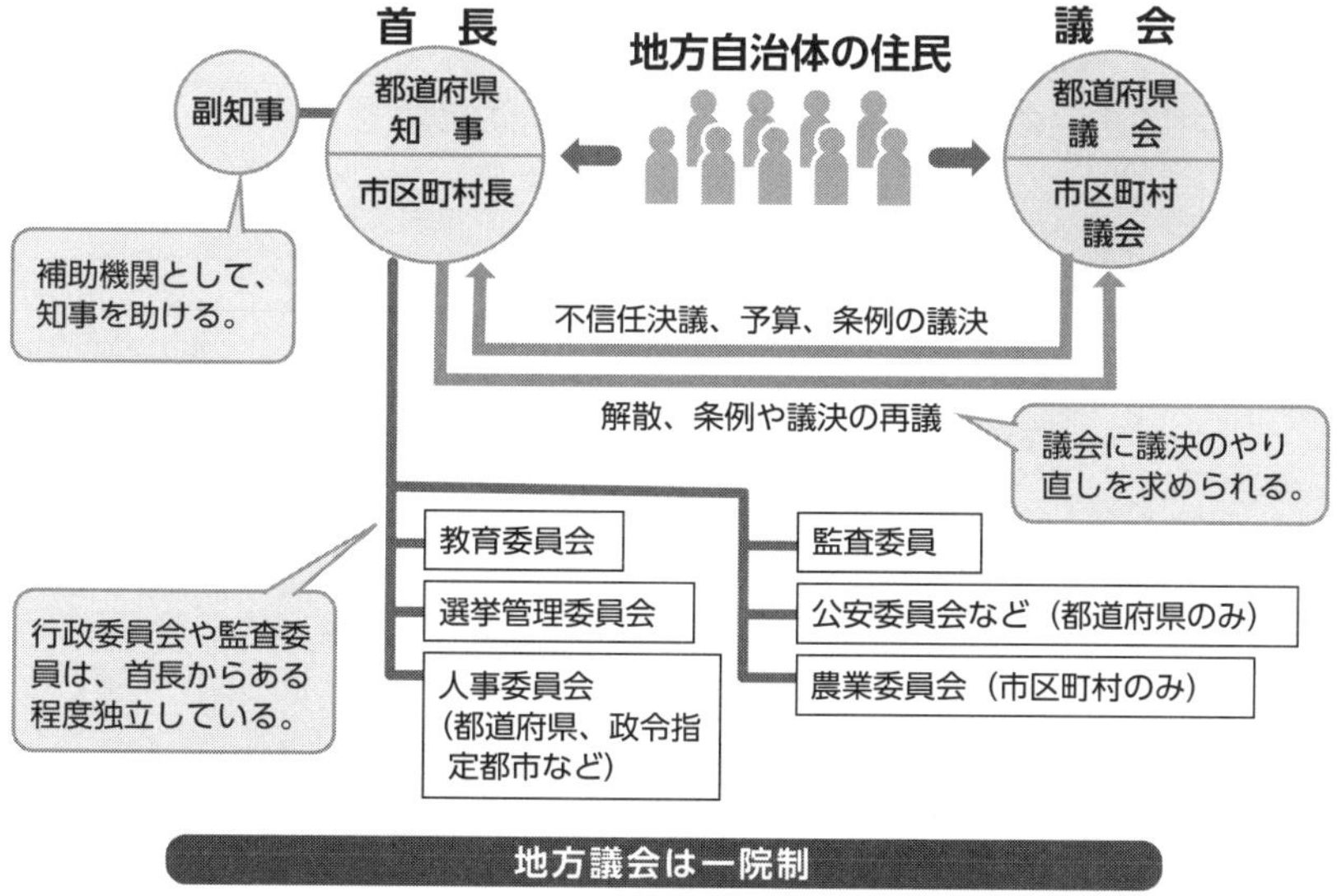

がっています。行政権をもつ首長（都道府県知事や市区町村長）は、住民が直接選挙で選びます。議会は一院制で、条例を制定することができます。

また、住民がより直接的に政治に関わることができる仕組みがたくさんあります（下図）。たとえば、条例の制定や改廃《かいはい》について、有権者の50分の1以上の署名が集まれば、直接提案することができます。また、議会の解散や首長の解職などについて、有権者の3分の1以上の署名があれば住民投票をおこなうことができます。

原子力発電所の建設や産業廃棄物処理場《さんぎょうはいきぶつしょりじょう》の建設などで住民投票をして、住民の意見が反映される例があります。

地方自治のなかで住民が参加できる権利の種類

請求の種類		必要署名数	提出先	取り扱い
イニシアティブ（住民提案）	条例の制定・改廃	有権者の50分の1以上	首長	議会で話し合う
	監査		監査委員	監査をおこなう
リコール（住民解職）	議会の解散	有権者の3分の1以上	選挙管理委員会	住民投票で決定
	首長の解職			
	議員の解職			
	主要公務員の解職		首長	議会で話し合う

第3部

権力から人権を守るために

自由権

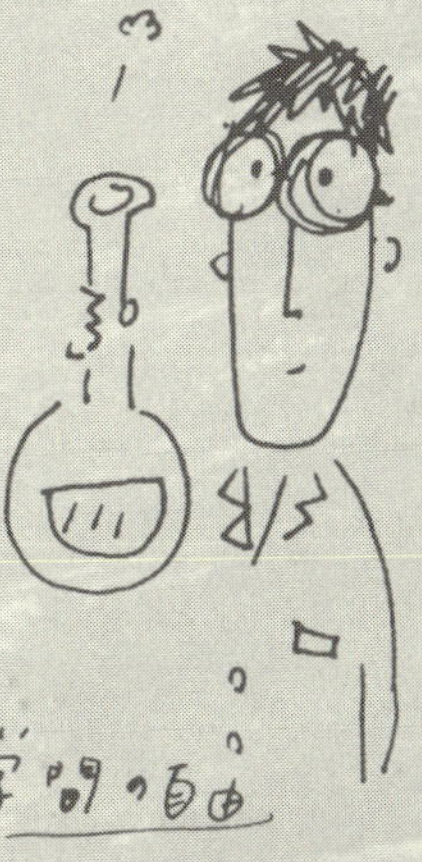

第1章　憲法の目的は人権を守ること

❶ 憲法と人権ってどう関係するの？

日本国憲法が一番大切にしていること、それは人々の人権を守ることです。人間は、一人ひとりちがいます。同じ人は一人もいません。そういった一人ひとり（個人）をみんな大切にすることが、憲法の目的です。そのために憲法の中で人権についてこまかく定め、同時に権力が人権を侵さないよう、いろいろな工夫がなされています（日本国憲法・第3章）。

具体的に、憲法では人権のことをどう書いているでしょうか。少しむずかしい言葉がでてきますが、憲法のなかみを見てみましょう。

人権ってなにかな?

「人間らしく生きる」という言葉があります。人間らしくってどういうことでしょうか。

こんなの、人間らしい暮らしといえないね。
人権とは、人間らしく生きる権利のことよ。みんな生まれた時から平等で、一人ひとりが大切にされ、幸せに生きるための権利をもってるわよね。それが人権なのよ。

第11条　国民は、すべての基本的人権の享有を妨げられない。この憲法が国民に保障する基本的人権は、侵すことのできない永久の権利として、現在及び将来の国民に与えられる。

人権はどんな場合でも絶対に侵すことができないとしています。いまおこなわれる政治が、将来の国民の不利益になるようなことも禁じています。

第12条　この憲法が国民に保障する自由及び権利は、国民の不断の努力によって、これを保持しなければならない。又、国民は、これを濫用してはならないのであって、常に公共の福祉のためにこれを利用する責任を負う。

人権は国民自身の絶え間ない努力で、守り続けなければならないとしています。

第13条　すべて国民は、個人として尊重される。生命、自由及び幸福追求に対する国民の権利については、公共の福祉に反しない限り、立法その他の国政の上で、最大の尊重を必要とする。

国が政治をするうえで、人々の人権が一番大切にされなければならない、としています。また、「人」ではなく「個人」としているのは、「ひとりの人間として」尊重するという意味が込められています（70ページ）。

第14条 1項 すべて国民は、法の下に平等であって、人種、信条、性別、社会的身分又は門地により、政治的、経済的又は社会的関係において、差別されない。

法の下では、だれでも平等で差別されないとしています。

第97条 この憲法が日本国民に保障する基本的人権は、人類の多年にわたる自由獲得の努力の成果であって、これらの権利は、過去幾多の試錬に堪え、現在及び将来の国民に対し、侵すことのできない永久の権利として信託されたものである。

人権はだれかが無条件に与えてくれるものではなく、人類が長い時間をかけて、権力者から勝ちとってきたものだという歴史を説いています。

この97条のすぐあとで、憲法は、他の法律よりも上位にあるということを定めています（最高法規、日本国憲法・第98条1項）。つまり、この憲法は人権を獲得した歴史の重さのうえにあり、他の法律よりも上位にある正統性を説明しているのです。

❷ 具体的にどんな人権があるかな？

人権は大きく分けて5種類ある

人権は「人間らしく生きる権利」と説明しましたが、具体的に「人間らしく生きる」ためにどんな権利が必要でしょうか。

日本国憲法は「人権のカタログ」といわれるほど、たくさんの人権について定めています。人権の種類は大きく5つに分けることができます（左図）。

権利の種類

<table>
<tr><td>①人権総則</td><td colspan="3">個人尊重権・幸福追求権・平等権</td></tr>
<tr><td rowspan="3">②
自由権</td><td>精神の自由</td><td colspan="2">思想・良心の自由、信教の自由、集会・結社・言論など表現の自由、通信の秘密、学問の自由</td></tr>
<tr><td>身体の自由</td><td colspan="2">奴隷的拘束・苦役の禁止、不当逮捕の禁止、令状主義、抑留・拘禁の禁止、黙秘権、一事不再理、拷問・残虐な刑罰の禁止、住居の不可侵、自白強要の禁止、遡及処罰の禁止</td></tr>
<tr><td>経済活動の自由</td><td colspan="2">居住・移転・職業選択の自由、財産権</td></tr>
<tr><td rowspan="6">③
社会権</td><td colspan="3">生存権…人間としての最低限度の文化的な生活を国に保障させる権利</td></tr>
<tr><td colspan="3">教育基本権…教育を受ける環境と機会を国に保障させる権利</td></tr>
<tr><td rowspan="4">労働基本権</td><td colspan="2">勤労の権利…仕事と最低限の労働環境を国に保障させる権利</td></tr>
<tr><td rowspan="3">労働三権</td><td>団結権…労働組合をつくる権利</td></tr>
<tr><td>団体交渉権…労働組合が経営者と話し合う権利</td></tr>
<tr><td>団体行動権（争議権）…労働組合がストライキなどをおこす権利</td></tr>
<tr><td rowspan="4">④
国務請求権</td><td colspan="3">国家賠償請求権…国や公務員に人権を侵された場合に賠償をうける権利</td></tr>
<tr><td colspan="3">裁判を受ける権利…トラブルを、裁判によって解決する権利</td></tr>
<tr><td colspan="3">刑事補償請求権…無罪なのに裁判にかけられた場合に補償をうける権利</td></tr>
<tr><td colspan="3">請願権…国に自分の意見や苦情をいう権利</td></tr>
<tr><td rowspan="5">⑤
政治的権利</td><td rowspan="2">参政権</td><td colspan="2">選挙権…選挙で投票する権利</td></tr>
<tr><td colspan="2">被選挙権…選挙に立候補する権利</td></tr>
<tr><td rowspan="3">直接民主制</td><td colspan="2">国民審査…最高裁判所の裁判官を投票で辞めさせる</td></tr>
<tr><td colspan="2">特別法の制定…特定の地方自治体にのみ適用される特別法の制定を最終決定する</td></tr>
<tr><td colspan="2">憲法改正…憲法の改正を国民投票で決める</td></tr>
</table>

①人権総則…すべての人権の大本にある、最も基本的な人権のことです。だれにでも自分の命を大切に思い、幸せを追い求める権利（幸福追求権、日本国憲法・第13条）や、人種や性別、貧富の差などで差別されない権利（平等権、第14条）などがあります。

②自由権…人はみんな自由です。国（権力）から「こうしてはいけない」と制約されたり、「こうしなさい」と強制されることはありません。自由に物事を考え、行動する権利があります。

③社会権…すべての国民が人間らしい生活を送ることができるように、国に必要な施策を要望する権利です。具体的には医療《いりょう》や介護《かいご》、保育、生活保護《ほご》などの社会保障や労働基準法《ろうどうきじゅんほう》などによって実現しています。

④国務請求権…国から不利益を受けたときに、裁判をおこしたり補償を求める権利です。たとえば、ダムを建設するために、住んでいる土地から立ち退く必要がある場合など、代わりの土地やお金をもらって正当に補償をしてもらう権利があります。また、行政とのあいだで問題がおこったときに、裁判に訴える権利も含《ふく》まれています。

⑤政治的権利（参政権など）…選挙で投票したり立候補できる権利です。また、憲法を改正する権利もあります。

まだまだ不十分な日本の「平等権」

日本には身分制度もありませんし、男の子も女の子も同じように学校で学び、平等な世の中のように見えます。しかし、まだまだ平等とはいえない問題がたくさんあります。

たとえば、男性と女性の就業率《しゅうぎょうりつ》（仕事に就いている率）を見てみると、男性が約92パーセントなのに対して女性は約69パーセントにとどまっています（２０１３年）。女性の場合、結婚して子どもができると、仕事を辞めざるをえない人が多いためで、女性の労働参加のための支援策が求められています。

差別問題も根強く残っています。２０１４年、東京や大阪などで一部の団体が、在日コリアンに対する差別をあおるヘイトスピーチ（憎悪表現）をおこないました。国連の人種差別撤廃《じんしゅさべつてっぱい》委員会は、これを人種差別として、法律で規制すべきと勧告《かんこく》しました。

憲法と現実のちがいをどう埋めていくのか、国民に課せられた課題といえます。

管理職に占める女性の割合の国際比較

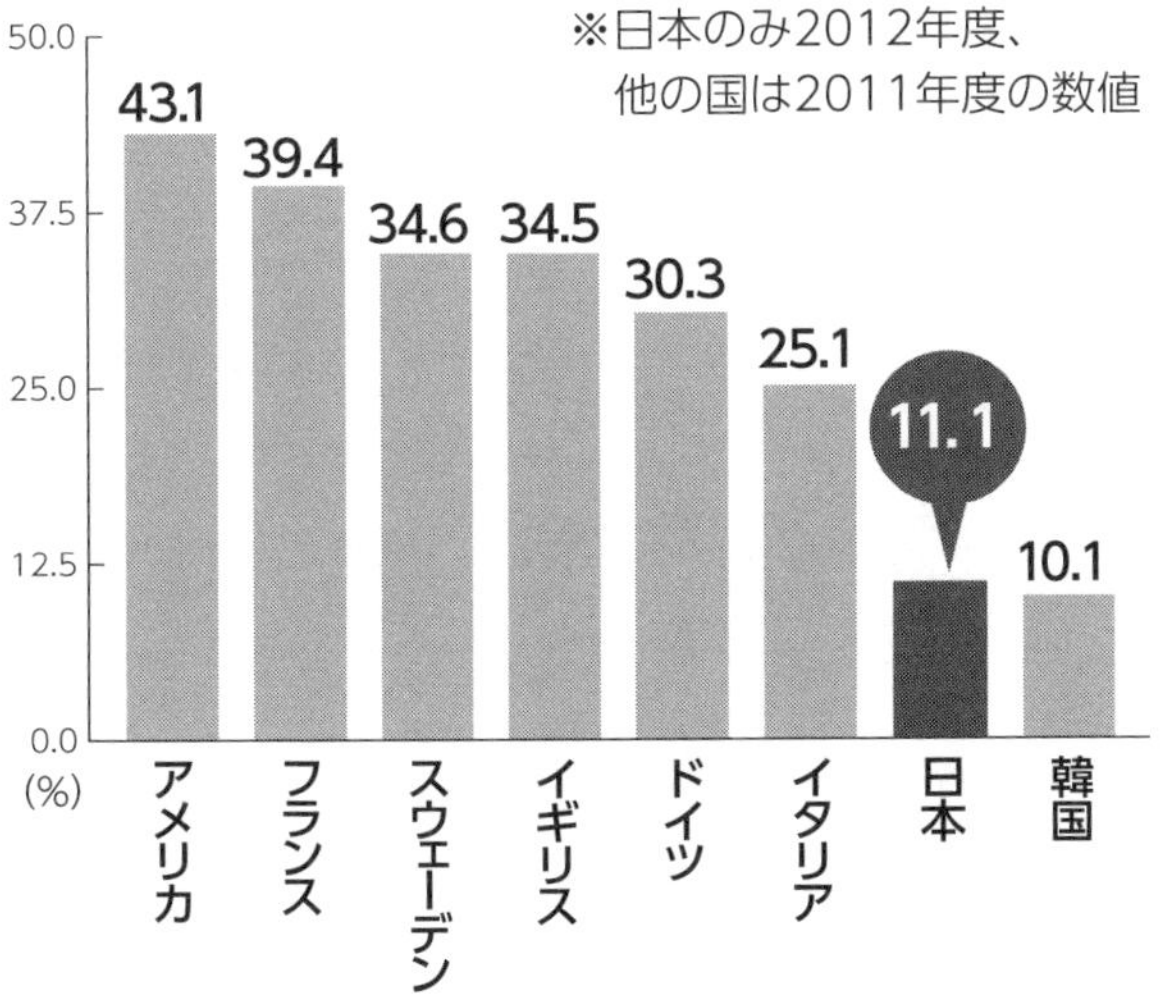

コラム　公共の福祉《ふくし》ってなに？

江戸時代末期、西洋からさまざまな思想や考え方が入ってきました。鎖《さ》国《こく》のなかにあっても、当時の日本の学者たちは西洋のすぐれた思想を学ぼうと、一生懸命《いっしょうけんめい》勉強をしていました。

ところで、西洋の考えを日本にもち込むとき、当然、外国語の翻訳《ほんやく》が必要になります。そのなかには、日本にもともと存在しない言葉もたくさんありました。そういった言葉には新しい日本語をつけなければいけません。「自由」という言葉や、「思想」、「憲法」など、いまでは普通に使われている言葉の多くは、こうして作られたものです。

現憲法にある「公共の福祉《ふくし》」という言葉もその一つです。英語の「public welfare（パブリック・ウェルフェア）」という言葉を「公共の福祉」と訳《やく》しました。しかし、この訳ではいったい何をいいたいのか、ピンときませんね。

公共の福祉とは「基本的人権がおたがいに矛盾《むじゅん》したり、衝突《しょうとつ》しないように調整する、公平の原理」と解釈されています。

たとえば、昼休みに1組と2組がドッジボールをするための場所をめぐってけんかをしているとします。両方の組に、ドッジボールをする権利が同じだけあります。お互いの権利がぶつかっている状態ですね。これを調整するために、「月、水は1組、火、木は2組が使用する」などのルールを決め

ることで、権利の衝突をさけることができます。それでも1組が「いやだ！　毎日ドッジがしたい！」と主張したとしても、それは許されません。なぜなら、「公共の福祉に反するため」です。

このように、権利があるからといって、何でも自由にできるわけではなく、みんなが幸せになるよう公平に譲り合うことが、公共の福祉の考え方です。

公共の福祉と「公《おおやけ》の秩序《ちつじょ》」はちがう

まちがってはいけないのは、公共の福祉が「公の秩序」とか「公益」とはちがうということです。これらの言葉に使われる「公」とは、「国家や社会」を意味します。「公益に反する」とか、「公の秩序が乱される」という理由で、国家がみだりに人権を制限するようなことがあってはなりません。そもそも、憲法には国家（権力）から個人の人権を守る役割があります。「公の秩序」や「公益」という言葉が用いられるときには、個人の人権よりも国家（権力）を優先させようという意図が含まれている場合があります。これでは憲法の本来の目的とまったく反対になってしまいます。

「公共の福祉」というのは、あくまで「個人どうしの人権が衝突した場合」の調整であって、「個人の人権よりも国家（権力）の利益を大切にする」という意味ではない、ということが重要です。人権を制限できるのは、人権だけなのです。

「公共の福祉」によって人権が制約される場合（一例）

■道路・空港建設などのための土地収容…正当な補償のもとで、財産権を制約します。

■警察官の労働権の制限…治安の維持など人々の生活に関わる仕事をしている警察官は、ストライキなどの労働権が制限されています。

■感染症《かんせんしょう》による隔離《かくり》…感染症の拡大を防ぐため、移動の自由を制限します。

第2章　心はだれにも操《あやつ》れない〜精神的自由権〜

❶ 心はだれにも操れない

信教の自由（日本国憲法・第20条）、表現の自由（第21条）、学問の自由（第23条）、思想・良心の自由（第19条）

人間は好きなことを想像したり、考えたり、信じたりできる生きものです。そこから、さまざまな考えや価値が生み出され、人間社会の発展につながります。「なにを思い、どう考えるか」という自由こそ、人間にとってもっとも大切な自由といえるでしょう。

また、自分の考えを文章や絵にしたり、インターネットで発信するなどして表現することで、みんなと考えを分かち合い、アイデアを育てることができます。あたりまえのことですが、こういったことが制限されずに自由にできることは、とても重要です。

これらの自由を守るため、憲法では人に考え方を強制したり、考えを表明することを禁止したりできないと定めています。こういった自由を「精神的自由権」といいます。

精神的自由権は、民主主義をささえるためにも、とても重要な権利です。民主主義は、みんなで政治についての考えを話し合い、合意をえていくことで成り立ちます。そのために集会をひらいたり、団体をつくったりします。また、テレビや新聞などの報道をとおして情報を得ることで、政治についての評価《ひょうか》を決めていきます。こういった活動を保障するため、「集会・結社・言論など表現の自由」

（21条）が憲法で守られています。

精神的自由権を押さえつけていた大日本帝国憲法

精神的自由権の代表的なものに、「思想及び良心の自由」（19条）があります。じつは世界の国々の中で「良心」や「信教」の自由はあっても、「思想の自由」まで憲法に定めた国はあまりありません。あたりまえすぎて、書くまでもないためです。

なぜ日本国憲法では「思想の自由」が定められているのでしょうか。それは大日本帝国憲法への反省が込められているためです。

なにを考え、どんな価値観をもつのかは、一人ひとりちがいます。それを、国が「これが正しい」と強制したり、「国が正しいといっていることを信じない」という理由で罰していたのが、大日本帝国憲法下での政治でした。

実際に、人々の思想を取り締《し》まるために、さまざまな法律がつくられました（下表）。

言論統制などに関わる年表　※法律などはいずれも成立年

明治	1889年	大日本帝国憲法…法律の範囲で言論の自由を保障
	1893年	出版法…書籍やビラ、パンフレットが規制対象に
	1900年	治安警察法…労働運動の取り締まりが目的
	1909年	新聞紙法…社会主義思想の取り締まりが目的
大正	1920年	森戸事件…東京帝大助教授の筆禍事件
	1925年	治安維持法…天皇制と資本主義を否定する結社を処罰
昭和	1928年	3・15事件…共産主義者、社会主義者を弾圧 改定治安維持法…最高刑が死刑に
	1933年	小林多喜二が特高警察の拷問で虐殺される
	1937年	改定軍機保護法…適用範囲を拡大し、厳罰化
	1939年	軍用資源秘密保護法…天気予報が規制対象に
	1941年	国防保安法…政治的な機密を保護する 第2次改定治安維持法…取り締まり範囲の拡大

とくに治安維持法という法律のもとでは、終戦までの約20年間に約7万6000人が送検《そうけん》され、約5200人が起訴《きそ》されました。逮捕は数十万人に上り、虐待《ぎゃくたい》や病死で1600人あまりが獄死《ごくし》したとされています。

こういったことへの反省が、日本国憲法に反映されているのです。

作家の小林多喜二は政府を批判する作品を書いたことで特高警察につかまり、拷問の末に死亡しました。

❷大日本帝国憲法と比べてみよう

「精神的自由権」について、二つの憲法を比べてみよう。

大日本帝国憲法（現代語訳）	日本国憲法
【思想及び良心の自由】 条文なし	【思想及び良心の自由】 第19条　思想及び良心の自由は、これを侵してはならない。
【通信の秘密】	

第26条　日本臣民は法律に定める場合を除く外信書の秘密を侵されることはない。

【信教の自由】

第28条　日本臣民は、安寧秩序を妨げず、かつ、臣民としての義務に背かない限りにおいて、信教の自由を有する。

【言論・出版・集会・結社の自由】

第29条　日本臣民は法律の範囲内において言論著作印行集会及び結社の自由を有する。

【信教の自由】

第20条1項　信教の自由は、何人に対してもこれを保障する。いかなる宗教団体も、国から特権を受け、又は政治上の権力を行使してはならない。

2項　何人も、宗教上の行為、祝典、儀式又は行事に参加することを強制されない。

3項　国及びその機関は、宗教教育その他いかなる宗教的活動もしてはならない。

【集会・結社・言論など表現の自由／通信の秘密】

第21条1項　集会、結社及び言論、出版その他一切の表現の自由は、これを保障する。

2項　検閲は、これをしてはならない。通信の秘密は、これを侵してはならない。

【学問の自由】
条文なし

【学問の自由】
第23条　学問の自由は、これを保障する。

天皇をあがめることが強制されていた

大日本帝国憲法では、思想・良心の自由や、学問の自由については条文自体がありませんでした。信教の自由については一応定めていますが、実際には、天皇の権威《けんい》を高めるために、「神道は宗教ではない」として神社への礼拝《れいはい》を強制します。また、「戦争はいやだ」などと考える人々の良心を否定し、お国のために奉公《ほうこう》することが正しいという道徳観を強制していきます。学問についても、天皇を「神ではなく、国家の機関だ」とする説（天皇機関説）を弾圧しました。

言論の自由についても、「法律の範囲内において」保障されるだけで、じっさいには新聞紙法などで多くの刊行物が検閲《けんえつ》をうけたり廃刊したりしました。

日本国憲法では、政治と宗教を分けたり、たとえ国に批判的な団体でも、結社の自由によって活動を保障しています。

とくに表現の自由については「一切の表現の自由は、これを保障する」として大切な権利であることと強調しています。

もっとくわしく

情報公開は民主主義の命綱《いのちづな》

基本的な権利である「精神的自由権」ですが、現実にはまだまだ憲法の理想におよばないところがたくさんあります。

たとえば、民主主義の根幹《こんかん》にかかわる選挙活動。候補者は多くの人に自分の考えを知ってもらうために、選挙活動をおこないます。有権者も、どの候補者を選べばよいか、さまざまな情報をえて考える必要があります。

しかし、日本の選挙活動は「公職選挙法《こうしょくせんきょほう》」という法律でたくさんの制限が設けられています。たとえば、選挙期間にはいるまでに、「この人に投票してください」というお願いをすると、選挙法違反になります。また、選挙期間にはいっても、候補者が人々の家を訪問して投票を呼びかけることは禁止されています。憲法で定める言論の自由に反する法律だと批判する声もあります。

●民主主義には情報公開が必要

2013年、国会で「特定秘密保護法（特定秘密の保護に関する法律）」が可決されました。この法律は、政府が「この情報は秘密です」と決めたものは、半永久的に秘密にできるという法律です。また、その秘密を漏《も》らす人を処罰できるようにもなっています。

なぜこんな法律が必要だったのでしょう。政府は、テロに備えるなど国防のために情報を管理する必要があるため、と説明しています。しかし、国民に知られると都合の悪い情報を、政府が独断で隠すことができる法律は、報道の自由や国民の知る権利などを侵害するものになります。

主権者として必要な情報を得、意見をどんどん言うことは、民主主義を成熟《せいじゅく》させ、よりよい社会をつくるために不可欠です。情報公開をどう進めていくかが、重要な課題になっています。

●「報道の自由」も大切な権利の一つです

日本の報道の自由度はきわめて低いという調査結果があります。

「国境なき記者団」が発表した２０１４年の「報道の自由度ランキング」で、日本は１８０カ国中、59位でした。自由度が低い理由として、特定秘密保護法によって報道が大きく制限されるおそれがあることがあげられました。

報道の自由度ランキング
（2014年）※『国境なき記者団』による

1	フィンランド
2	オランダ
3	ノルウェー
4	ルクセンブルク
5	アンドラ
33	イギリス
39	フランス
46	アメリカ
57	韓国
59	日本
148	ロシア
175	中国
178	トルクメニスタン
179	北朝鮮
180	エリトリア

第3章　私のものは、私のもの～経済的自由権～

❶ 財産をもち、商売をする自由

居住・移転の自由（日本国憲法・第22条1項）、海外移住・国籍離脱の自由（第22条2項）、財産権（第29条）

あなたはお気に入りの服や、大切にしているゲーム機などをもっていますか？　そういったもち物が、だれにも奪われず、あなたの物であるために、憲法では「財産権」を保障しています。また、あなたが将来好きな職業に就けるように「職業選択《せんたく》の自由」や、自分の意思で住む場所を変えられるよう「移転の自由」も保障しています。

こういった、好きな仕事に就き、お金儲《もう》けをし、自分の財産をもつ自由のことを、「経済的自由権」とよびます。この権利は、たんに物質的に豊かになることだけを約束したものではなく、仕事をとおして人間的に成長していくことをも保障するものです。

いきすぎた自由競争を制限している

ところで、いくら金儲けの自由が保障されているといっても、たとえば麻薬を売るなど、他人の人権を侵す商売はできませんね。また、商売は、競争の世界です。たとえば大きなショッピングモールができることで、まわりのちいさなお店がつぶれてしまうこともあります。ちいさなお店で生計を立てる人たちを守るために、ショッピングモールの出店を規制することも必要になります。大きな会社が市場を独占して、逆に自由な競争を阻害《そがい》しないよう、調整することも必要です。

このように、経済の世界は、「自由」を大切にして放っておくと、さまざまな弊害《へいがい》がうまれることがあります。そのため、憲法では、ほかの権利と比べて経済的自由権には「公共の福祉に反しない限り」とか「公共の福祉に適合するように」など、条文に多くの制約をつけています。そうすることで、いきすぎた競争を抑えているのです。

精神的自由権や身体的自由権とちがい、経済的自由権には国家が介入《かいにゅう》して、市場を調整できる余地が残されています。みんなが共存できる社会を維持することが、「公共の福祉」という言葉に込められています。

自由競争が
いきすぎると……
Market
大きな
ショッピング
モールによって
地域経済が
破綻する
儲けを優先して、
環境破壊がすすむ
貧富の格差が拡大する　など

もっとくわしく

他にもさまざまな制限がある

●所有権ではなく、財産権としたのはなぜ？

「財産権」のなかには、小説や楽曲など、目に見えない「知的財産」も含まれています。「所有権」という言葉には、「物としてもっているもの」という意味合いが強いですが、「財産権」という言葉には、知的財産など、形のない財産についても認めるという意味が込められています。

●移転の自由には制限もある

移転の自由（22条）に、「公共の福祉に反しない限り」という制限がついていることが気になりませんでしたか？　これにもわけがあって、たとえば感染症などによって患者《かんじゃ》を隔離しなければならないような場合を想定しています。

●職業選択の自由ってどこまで？

専門的な知識や技能が必要な職業については、資格を得ないとなれないこともあります。たとえば、医師や薬剤師、弁護士などは専門の知識がないとなれません。

❷ 大日本帝国憲法と比べてみよう

「経済的自由権」について、二つの憲法を比べてみよう。

大日本帝国憲法（現代語訳）

【職業選択の自由】
第19条　日本臣民は、法律及び命令の定めるところの資格に応じ、ひとしく文武官に任じられ、およびその他の公務に就くことができる。

【居住・移転の自由】
第22条　日本臣民は、法律の範囲内において、居住及び移転の自由を有する。

【財産権】
第27条1項　日本臣民は、その所有権を侵される

日本国憲法

【居住・移転・職業選択の自由】
第22条1項　何人も、公共の福祉に反しない限り、居住、移転及び職業選択の自由を有する。
2項　何人も、外国に移住し、又は国籍を離脱する自由を侵されない。

【財産権】
第29条1項　財産権は、これを侵してはならない。

ことはない。
2項　公益のために必要な処分は、法律の定めるところによる。

2項　財産権の内容は、公共の福祉に適合するように、法律でこれを定める。
3項　私有財産は、正当な補償の下に、これを公共のために用いることができる。

戦争によって著《いちじる》しく制限された財産権

大日本帝国憲法のもとでは、財産権（所有権）は「公益のために必要な処分は、法律の定めるところによる」として法律によって制限できるようになっていました。

中国と戦争をはじめた日本は、戦争による物資の不足を補うために「国家総動員法」という法律をつくります。この法律は、天皇の命令によって戦争に必要な人材や物資を国民から集めることができるというものでした。その結果、国民（臣民）は、鍋や金だらい、鉄ビンやボタンまで、金属を使った日用品を次々と軍隊に徴用されました。

また、同時に、国家のために自己を犠牲にしてつくす国民の精神（滅私奉公《めっしほうこう》）を推進《すいしん》した運動が、政府によって進められていました。「ぜいたくは敵だ！」や「欲しがりません勝つまでは」などの標語がかかげられ、人々の財産権を制約する体制がしかれていました。

もっとくわしく

複雑化する知的財産権～青色ＬＥＤはだれの発明？～

最近では「知的財産権」における憲法の役割が大切になっています。「知的財産」とは、「発明」や「著《ちょ》作《さく》」、「商標」などのアイデアや工夫のこと。知的財産はたんに財産権だけでなく、人格権にもかかわるものといわれています。アイデアや発明は、それを生み出した人の人格の一部です。たとえばあなたが図工で上手に描いた絵を、先生が別の人のものだと勘違《かんちが》いしていたら、がっかりしますよね。あなた自身が認められなかったように感じるでしょう。それは憲法13条の「幸福追求権」に違反することだという考えが、知的財産権でも用いられています。

●**発明は企業のもの？　個人のもの？**

２０１４年、アメリカのカリフォルニア大学教授の中村修二《しゅうじ》さんら3人の日本人が、ノーベル物理学賞を受賞しました。「20世紀中には実現は不可能」といわれていた青色発光ダイオード（青色ＬＥＤ）の開発に貢献したことが評価されたのです。

中村さんは、日本の日亜化学工業という企業の社員として、青色ＬＥＤの開発にたずさわっていました。ＬＥＤは電球や蛍光灯《けいこうとう》のようにフィラメントをつかわず、電気が直接光に変わるまったく新しい照明技術です。電球や蛍光灯のようにフィラメントが切れる心配もなく、少しの電力で使えることが特徴です。

これまで、赤色、緑色のＬＥＤはすでに開発されていました。しかし、青色の開発は非常に困難で、世界中の研究者が開発を急いでいました。青色が発明されれば「光の3原色」がすべてそろい、LEDでさまざまな色を表現することができるからです。

そんななか、中村さんは日亜化学で青色LEDの開発に成功します。しかし、会社はその報酬をわずか2万円しか支払いませんでした。その後、中村さんが退職し、アメリカの大学に転職すると、企業の開発技術を漏らしたとして、日亜化学は中村さんを裁判に訴えました。

研究者の地位があまりにも低い、と怒《おこ》った中村さんは、青色LEDに関する特許権《とっきょけん》が自分にあるとして、逆に会社を訴えました。その結果、1審では200億円の支払いが会社に命じられます。その後、会社は不服として控訴します。「中村さんの発明は、技術の基《き》礎《そ》ではあったが、商品化には役に立たず価値がない」と主張し、結局約8億円で和解が成立しました。

最近の知的財産権に関する争いは、技術の進歩もあって、複雑なものになっています。また、企業の活動もグローバルになり、争いも国際化しています。そのため、日本でも2005年に知的財産高等裁判所が設けられ、知的財産権をより公平に守る努力がされています。

青色 LED を手にする中村修二教授

第4章　だれにも自由を奪えない〜身体的自由権〜

❶　身体の自由は人権の基本

奴隷的拘束・苦役の禁止（日本国憲法・第18条）、逮捕の制約（第33条）、拷問・残虐な刑罰の禁止（第36条）、自白の強要の禁止（第38条）

あなたの体はあなたのもので、だれかに鎖《くさり》でつながれたり、どこかに閉じ込められたりして、自由を奪われることは絶対にあってはなりません。また、暴力をふるわれたり、強制的に働かされることも許されません。こういった自由を保障する権利を、「身体的自由権」といいます。身体的自由がなければ、人間はなにもすることができません。すべての人権の土台になる、根本的な権利といえるでしょう。

身体的自由がない状態といえば、奴隷《どれい》がまず思い浮かびます。世界的には19世紀に奴隷制度廃止の運動が広がり、現代にはいって、奴隷は公然とは存在しなくなりました。しかし、借金のかたに子どもや女性が売買されたり、強制的に働かされたりということが、実際にはまだあります。また、会社からの命令で不法に長時間働かされる場合なども、身体的自由が奪われた状態といえるでしょう。憲法ではこのような状態をきびしく禁止しています。

人権をまもるため、「逮捕」にはきびしいルールがある

しかし、一つだけ、現代社会でも身体を拘束することが許される場面があります。それは、犯罪の疑いがある人を、警察が逮捕するときです。

戦前には、国家権力が自分たちの都合で、国家に批判的な人を逮捕することがありました。その反省から、日本国憲法では、権力が人々の人権を侵害しないように、逮捕するときのルールや、逮捕された人の権利を細かく決めています。

たとえば、31条では、法律で決められた手続きにもとづかなければ、逮捕したり刑罰を科すことができないとしています。逮捕や刑罰・住居の捜索《そうさく》は、警察の独断ですることはできず、原則として裁判所の発行する令状が必要です。

また、逮捕されたあとに、罪を告白させようと警察による強引な取り調べ

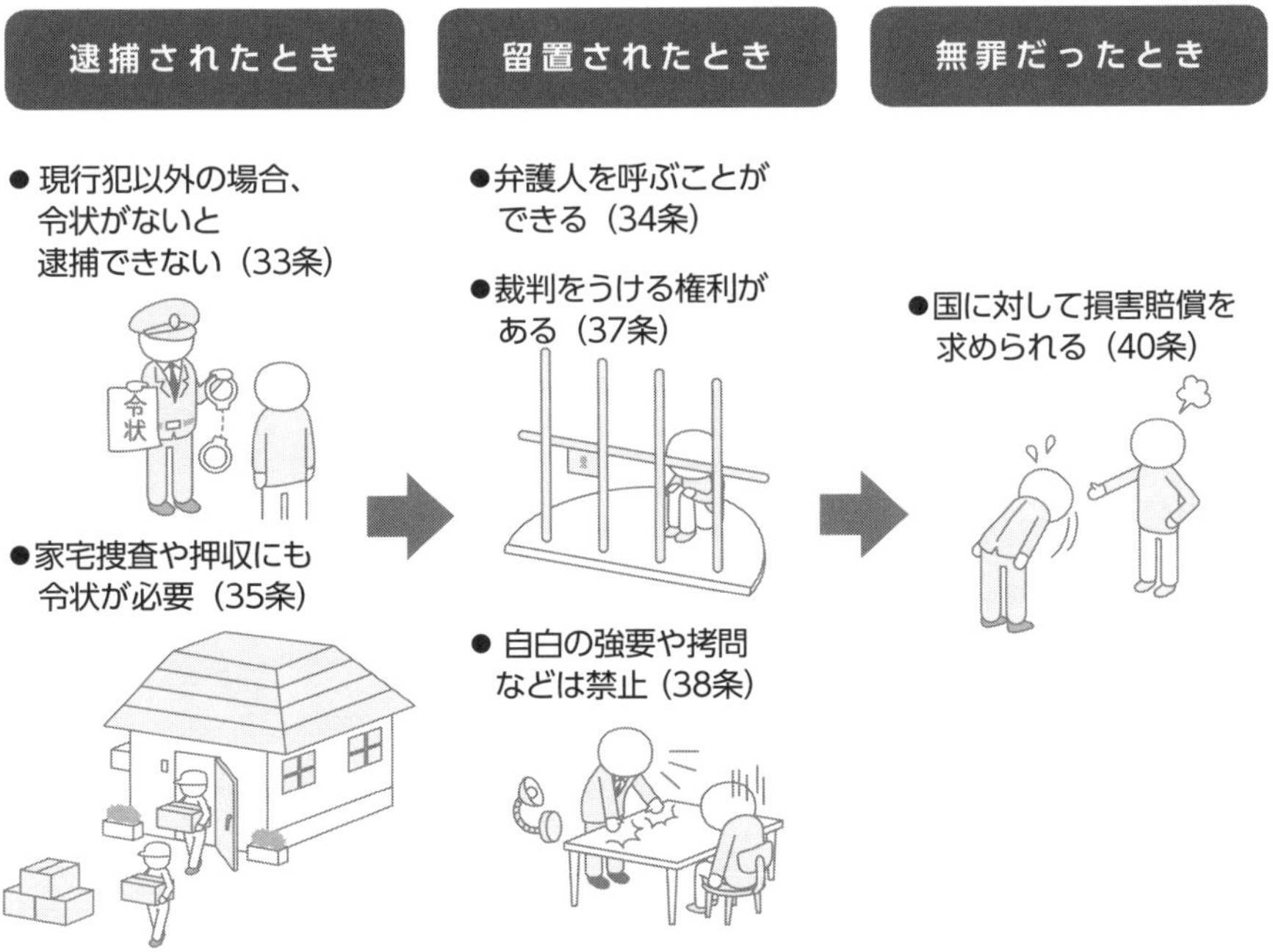

逮捕されたとき
●現行犯以外の場合、令状がないと逮捕できない（33条）
令状
●家宅捜査や押収にも令状が必要（35条）
留置されたとき
●弁護人を呼ぶことができる（34条）
●裁判をうける権利がある（37条）
●自白の強要や拷問などは禁止（38条）
無罪だったとき
●国に対して損害賠償を求められる（40条）

が問題になることがあります。こういったことを防ぐために、むりやり自白をさせてはならないことや、黙《だま》っている権利（黙秘権）も定めています（38条）。逮捕された後にも、弁護人をたのんだり、まちがって逮捕された場合には損害賠償《そんがいばいしょう》を求めるなどの権利も保障されています。

❷ 大日本帝国憲法と比べてみよう

「身体的自由権」について、二つの憲法を比べてみよう。

大日本帝国憲法（現代語訳）	日本国憲法
【奴隷的拘束及び苦役の禁止】 条文なし	【奴隷的拘束及び苦役の禁止】 第18条　何人も、いかなる奴隷的拘束も受けない。又、犯罪に因る処罰の場合を除いては、その意に反する苦役に服させられない。
【適正手続きの保障】	【適正手続きの保障】

第23条　日本臣民は法律によらず逮捕監禁審問処罰を受けることはない

【住居侵入・捜索・押収の要件】

第25条　日本臣民は法律に定める場合をのぞくほかその許諾なく住所に侵入せられ捜索されることはない

【拷問及び残虐刑の禁止】

条文なし

第31条　何人も、法律の定める手続によらなければ、その生命若しくは自由を奪われ、又はその他の刑罰を科せられない。

【住居侵入・捜索・押収の要件】

第35条1項　何人も、その住居、書類及び所持品について、侵入、捜索及び押収を受けることのない権利は、第33条の場合を除いては、正当な理由に基いて発せられ、且つ捜索する場所及び押収する物を明示する令状がなければ、侵されない。

2項　捜索又は押収は、権限を有する司法官憲が発する各別の令状により、これを行う。

【拷問及び残虐刑の禁止】

第36条　公務員による拷問及び残虐な刑罰は、絶対にこれを禁ずる。

徴兵制が認められていた時代

大日本帝国憲法のもとでは、個人の意思に反していても、国が強制的に兵役を課すことが認められていました。憲法制定時は、中国や朝鮮の植民地化をねらった西欧《せいおう》諸国に負けないよう、富国強兵政策がとられており、徴兵制もなくてはならない制度でした。太平洋戦争末期には、成人男性だけではなく、「学徒動員」といって大学生までが兵隊として動員されました。

また、現在とちがって逮捕に関する条文はほとんどなく、不当逮捕や被疑者《ひぎしゃ》に対する虐待が横行していました。とくに、治安維持法下では多くの市民が犠牲になりました（80ページ）。この反省から、日本国憲法では他国と比べても、逮捕に関するルールが厳格に定められています。18条では「何人も、いかなる奴隷的拘束も受けない」と、とくに強調した表現になっています。

もっとくわしく

冤罪《えんざい》をどう防ぐのか～袴田《はかまだ》さんの48年間～

じつは日本では逮捕されたら最後、その9割以上が有罪になってしまいます。これは警察や検察《けんさつ》が優秀《ゆうしゅう》で、犯人をまちがいなく逮捕している……というわけではありません。無罪の人も、ときには有罪にしてしまう実態を示しています。

たとえば、警察に逮捕されると、最長で23日間留置場《りゅうちじょう》に入れられます。そこで取り調べを受けるのですが、その取り調べ時間に上限がなく、ときには深夜まで取り調べがおこなわれることもあります。取り調べでは弁護人の立会も、取り調べの録音や録画も認められていません。そうすると逮捕された人は留置場から解放されたいがために、自分がやっていないのにもかかわらず、「私がやりました」と嘘《うそ》の自白をしてしまうことがあります。自白をしなくても、その後の裁判で裁判官は検察に有利な判決をだす傾向があり、無罪になる人はほとんどいないのが実情です。

国連の国際人権規約委員会では、こういった日本の拘禁《こうきん》のあり方に懸念《けねん》を示しています。しかし、日本政府はいまのところ、改める態度を示していません。

●無実の罪で48年拘束された袴田さん

1966年、静岡市の清水町で一家4人が殺害され自宅も放火されるという事件がおこりました。決定的な証拠《しょうこ》のないまま、被害者が専務を務めていたみそ工場の従業員・袴田巌《はかまだいわお》さん（当時30歳）が逮捕されます。１年後、警察により発見された血の付いた衣類が証拠として提出され、袴田さんは死刑判決をうけます。しかし、ＤＮＡ鑑定《かんてい》の技術が進み、証拠の衣類についた血が事件とは関係のないものだとわかりました。袴田さんが釈放《しゃくほう》されたとき、逮捕から48年の月日が経っていました。

袴田さんは逮捕当時、20日間、１日平均12時間の取り調べをうけた上、殴《なぐ》る蹴《け》るの暴力も受けたといいます。こうした強引な取り調べをやめるためにも、取り調べを録音・録画し、取り調べに依存した捜査《そうさ》のあり方を見直す必要があります。

第4部 人間らしい暮らしのために 社会権

第1章　人間らしい暮らしを求めて

❶ 社会権ってなんだろう？

生存権（日本国憲法・第25条）、教育を受ける権利（第26条）、労働基本権（第28条）

憲法では、一人ひとりがみんな大切にされることを目的に、さまざまな人権を定めています。なかでも、国家が個人に対して「ああしろ」「こうしろ」と介入し、人々の気持ちに反する考え方や行動を強制することがあってはなりません。そのために憲法では、国家が個人の思想や行動に介入しない自由権とよばれる権利を保障しています（第3部）。自由権は、もっとも基本的な人権といえるでしょう。

しかし、自由権だけで、人権が守られるでしょうか。

たとえば、お金がなくて食べ物が買えなかったり、住むところがない、勉強したくてもできない、会社で不当に長時間働かなければならない、というとき、その人は人間らしい暮らしができているとはいえません。そういうときに、国家が国民に、人間らしい暮らしができるように保障すること、つまり、自由権とは逆に、国家が積極的に介入し、国民にいろいろな手だてを講じることが必要です。これを社会権といいます。

私たちの生活を支える社会権

では、具体的に私たちの生活の中で、社会権はどのように実現しているのでしょうか。たとえば、みなさんが通っている小学校、中学校は無料で通うことができます。ケガや病気で病院に入院しても、多くの自治体では子どもの入院にかかる医療費は無料であったり、減額《げんがく》されます。もしあなたのお父さんやお母さんがなんらかの理由で働けなくなっても、雇用保険や生活保護という制度で、毎月一定の現金を支給してもらうことができます。

また、会社の賃金《ちんぎん》が安くなりすぎないように、最低賃金が定められるなど働くルールが決められています。

こういった教育の整備や社会保障、また労働法などの施策により、国民が人間らしい暮らしを送れるようにすることで、社会権を実現しています。

ところで、社会権は人々の健康や生活を守るためだけのものではありません。民主主義や国民主権をちゃんと成り立たせるために必要なものでもあるのです。

たとえば、失業や貧困が社会にまんえんすると、人々は「社会をよくしたい」「みんなのために行動したい」という意欲をなくし、自分の生活のことばかりを心配するようになります。そうすると、政治に無関心になったり、議会の議論が回りくどくめんどうくさい

ものに感じるようになっていきます。自分の生活が少しでも変わることを望んで、たとえ急進的でも政治を変えてくれそうな人に期待するようになります。

また、十分な教育を受けられないと、社会の成り立ちや政治について考え行動する力を養うことができません。

じっくり話し合って物事を決めたり、国や地域の課題を自分のことと考えて社会に向き合うためには、健康で充実した生活、そして教育が必要です。社会権は、国民主権や民主主義を支えるうえでも、大切な権利といえるでしょう。

❷ こうして社会権は生まれた

ところで、「社会権」という考え方はいつ、どのように生まれたのでしょうか。

ヨーロッパで王が絶対的な権力を握っていた時代（中世）がおわり、憲法ができて人々が自由になりはじめた時代（近代）にさしかかるころ、産業革命がおこります。それまで人々はさまざまな物を手作りでつくりだしていましたが、蒸気機関《じょうききかん》

糸車をつかって糸を紡ぐ女性。
紡績機ができるまでは、こうして手作業で
糸を紡いでいました。

の発明などによって、商品を機械をつかって工場で大量に生産できるようになりました。飛躍的《ひやくてき》に生産能力が向上したことで、社会の仕組みが一変したのです。

産業革命の結果、それまでほとんど自給自足の生活をしていた人々が、工場などをもっている人々（資本家）と、そこで働き賃金をもらう人々（労働者）に分かれていきました。

資本家は自分たちの儲けを増やすために、労働者をできるだけ長時間、安い賃金で働かせようとします。労働者は農地や家業を手放して町に働きにでてきているので、それまでのような自給自足の生活にもどることもできません。ひどい労働条件でも仕事をやめることができず、また不況《ふきょう》で仕事を失うと、すぐさま貧困におちいってしまいました。

その結果、資本家はどんどん富をたくわ

19世紀の紡績工場の様子。機械化によって、大量の紡績ができるようになりました。画面右側では、はだしの少年が頭にかごを載せて、できあがった糸を運んでいます。

えていき、労働者はますます貧しくなっていく……資本主義のもとで、貧富の格差がどんどん広がっていきました。

連鎖する貧困

また、貧困の家庭で育った子どもたちは、十分な教育を受けられず、大人になっても低い賃金の仕事にしか就くことができない、という貧困の連鎖がうまれはじめます。

国家が国民生活に介入しないという「自由権」を認めるだけでは、強い人々がますます強くなり、弱い人々がしいたげられていく弱肉強食の社会になっていきます。それでは、だれもが安心して幸せに暮らせる社会にはなりません。そこから、資本主義の欠点を補い、国民の生活をささえるために、国が責任を負わなければならない、という社会権の考えが広がっていきました。

はじめて社会権をかかげた憲法が

第一次世界大戦がおわった直後、ドイツでは王政を倒す革命がおこるとともに、1919年、新しくワイマール憲法が誕生します。このなかで、「すべての者に人間たるに値する生活を保障する」(第151条)という規定ができました。世界ではじめて、社会権を認めた憲法が誕生したのです。

ワイマール憲法はヒトラーによって事実上、停止状態となってしまいますが、その後も世界の憲法に影響を与え、現代憲法の発展へとつながりました。日本国憲法にも、その考えが根付いています。

第2章 自由でも貧困では意味がない～生存権～

❶ 自由でも貧困では意味がない

生きていれば、病気や事故、失業など、さまざまな問題にぶつかることがあるでしょう。そういったときに、住む家を失って屋外で暮らさなければならなかったり、必要な医療をうけられなかったり、餓死《がし》してしまっては、健康で人間らしい生活とはいえません。だれにでも、人間として必要最低限の生活をおくる権利があります。その権利を「生存権《せいぞんけん》」といいます。

大切なのは、ただ「生きていればいい」というわけではないことです。日本国憲法では「すべて国民は、健康で文化的な最低限度の生活を営む権利を有する」（第25条1

生存権を実現するためのさまざまな社会保障制度

公的扶助	生活保護	生活に困窮する人に対して保護をおこなう制度。必要に応じて一定額が支給され、医療扶助なども受けられる
社会保険	健康保険、国民健康保険など	医療機関を低額で利用できる
	国民年金、厚生年金など	高齢期に年金の支給を受けられる
	雇用保険、労災保険、介護保険	失業したり仕事中にケガをしたときに支給を受けられる。介護が必要になったときに低額で介護サービスを利用できる
社会福祉	児童福祉	児童の健全な育成を目的にして、保育所、児童相談所、児童福祉施設などが利用できる
	老人福祉	高齢者の福祉をはかるための制度
	社会福祉	社会福祉の推進を目的に、福祉事業をおこなう
公衆衛生		疾病予防や健康の保持・増進についての制度

項）と定め、生存権を保障しています。「健康で文化的」という言葉が重要で、肉体的に健康な生活というだけでなく、知的にも精神的にも活動することができる生活を保障しなければならないとしています。憲法でかかげている理念にもとづいて、現在日本では、医療保険や年金、介護保険や生活保護など、暮らしをささえるためのさまざまな制度があります。こういった制度を社会保障制度といい、生存権の実現に結びついています。

時代にあわせて新しい人権も生まれている

こういったさまざまな福祉制度の実現だけでなく、生存権は時代にあわせて新しい権利を生み出しています。

たとえば、あなたの住んでいる町が工場の排気《はいき》によって深刻《しんこく》な公害に見舞われたり、家のとなりに高《こう》層《そう》マンションが建って、一日中日が当たらなくなったりすれば、それは25条で規定する「健康で文化的な最低限度の生活」ではなくなってしまいます。こういったことは、憲法制定時にはなかった社会問題です。しかし、13条の幸福を追求する権利や25条の生存権にもとづいて考えることで、「環境権」（よい環境で暮らす権利）や「日照権」（一定の日当たりをえる権利）といった新しい人権が生まれています。

もっとくわしく

環境権をめぐる訴訟

1969年、大阪空港の近隣住民が、航空機の騒音《そうおん》によって生活環境が破壊されたとして、国を訴えました。住民たちは、人格権と環境権を守るため、これまでの被害とこれから先の被害に対する損害賠償と、夜間の空港の使用を禁止するよう求めました。しかし最高裁判所の判決は、過去の損害賠償を認めるものにとどまりました。環境権は住民全体の権利です。しかし、そもそも権利とは個々人にあるとする法律上の考え方に、環境権がなじまなかったことが判決の理由でした。

❷ 大日本帝国憲法と比べてみよう

「生存権」について、二つの憲法を比べてみよう。

大日本帝国憲法	日本国憲法
生存権についての条文なし	第25条1項　すべて国民は、健康で文化的な最低限度の生活を営む権利を有する。 2項　国は、すべての生活部面について、社会福祉、社会保障及び公衆衛生の向上及び増進に努めなければならない。

権利として福祉を要求することはできなかった

大日本帝国憲法では「社会権」という概念《がいねん》はありませんでした。条文にも「生存権」にあたるものはありません。

だからといって、今のような福祉制度がまったくなかったわけでもありません。明治にはいり、日本にも産業革命がおこると、都市部では極端《きょくたん》に貧しい人たちがあらわれはじめます。そうした人々を助けるために、1874年（明治7年）、「恤救規則《じゅっきゅうきそく》」がつくられ、昭和初期まで貧しい人たちを救う制度の中心となります。また、慈善《じぜん》活動家がたくさんの社会福祉事業をボランティアでおこない、孤《こ》児《じ》や不良少年の更生《こうせい》に取り組んでいました。

しかし、これらの制度は人々の生存権を守るためのものというよりも、「かわいそうな人を助ける」お恵みとしてのものでした。どんなに困窮《こんきゅう》した状態でも、国や自治体に生活を保障するよう要求する権利はなく、そこが現在とは大きなちがいといえます。

日本国憲法では、第25条で国民の生存権を保障しています。25条の2項の主語は「国」になっていて、国に対して生存権の保障を義務づけていることがわかります。

もっとくわしく

生活保護バッシング、みんなはどう考える？

●生活保護受給者を非難する人たち

生存権を保障するための制度に、「生活保護」があります。病気や老齢《ろうれい》など、さまざまな理由で仕事に就けなかったり、十分な収入をえられない人に、必要最低限の生活が送れるように、国が毎月お金を支給する制度です。生活保護は、命に直結する制度で、「最後のセーフティネット」とよばれています。

しかし長引く不況のなか、近年、生活保護の受給が増え、財政を圧迫しています。それにともない、この制度を利用する人々に対する批判も高まっています。また、生活保護費を不正にえる事件などが報道されると、受給者のほとんどがそういった不正受給なのではないか、と考える人も多いです。

そんななかで、生活保護が受けられないことで、悲惨《ひさん》な事件もおこっています（写真）。

生活保護辞退し孤独死
北九州市、就労促す

男性が亡くなっていた自宅。壁や屋根の一部が破れ、電気やガスも通っていなかった＝11日、北九州市小倉北区で、永井真紗子撮影

朝日新聞（2007年7月12日付）

２００７年、北九州市で52歳の一人暮らしの男性が餓死しているのが発見されました。男性は肝臓《かんぞう》の病気で仕事ができず、生活保護を受給していましたが、福祉事務所から働くように勧められ、受給を止められていました。男性はその2カ月後になくなったとみられています。

２０１２年にも札幌市で知的障害をもった妹とその姉が餓死しているのが発見される事件がおこり、やはり生活保護の受給を3度にわたって断られていたことがわかりました。姉は体調不良のなか、妹を世話しながら就職活動をしていました。

●生存権は「お恵み」ではなく、権利

このように、実際には生活保護は困窮者の命に関わる大切な制度です。また、不正に受給する人は受給者全体の約２％（２０１１年）で、ほとんどの受給者は命綱としてこの制度を利用しています。

困窮に陥る理由は人それぞれです。個人の努力ではどうにもならない社会的な問題（不況など）によって、貧困になってしまうこともあります。人類はそういった経験をもとに、生存権を確立してきました。生存権は決して「お恵み」ではなく、国に対して人間らしい暮らしを求めることができる「権利」なのです。

生活保護を受ける人を批判したり、生活保護制度を縮小させるなど、生存権を後退させることには、慎重でなければなりません。社会に貧困の元になる問題がないか、だれもが自立して生きていくために、どんな制度や支援が必要なのかを考えることが、主権者である私たちの大切な役割といえるでしょう。

第3章　学ぶことは豊かに生きること
～教育を受ける権利～

❶学ぶことは豊かに生きること

社会権の一つに、「教育を受ける権利」があります。

よく「義務教育」という言葉を耳にしますね。日本では小学校から中学校までは義務教育になっています。しかし、憲法第26条では教育は国民の「権利」としています。どういうことでしょうか?

「知りたい」「学びたい」は、生まれながらの欲求

人間は生まれてから死ぬまで、いろいろなものに好奇心をもち、さまざまな知識を得ていきます。その中で、自分自身を成長させ、「自分」という人格を形成していきます。あなた自身も、小学校1年生のときと、今の自分を比べると、読める文字も増え、むずかしかった計算も解けるようになり、成長したと感じるでしょう。できることが多くなることで、世界がずっと広がったと感じるでしょう。そういった実感が、あなたの自信になったり意欲になったりして、あなたという人間を成り立たせているはずです。

こういった人間の成長を支えるための勉強をする権利を、「学習権」といいます。

学習権を保障するために、日本国憲法では26条1項で、「すべて国民は、法律の定めるところにより、その能力に応じて、ひとしく教育を受ける権利を有する。」と定めています。

だれもが平等に教育を受けられるように

憲法では、だれもが平等に権利をもっているとしていますが（14条）、教育を受ける権利も同じです。お金もちでもお金がなくても、教育を受ける権利はだれもが平等にもっています。26条2項では「（前略）義務教育は、これを無償とする」とし、義務教育はタダで受けられるようにすることを、わざわざ決めています。新学期に新しい教科書が配られますが、あの教科書はすべて無償《むしょう》で、国から配布されています。これも憲法の理念にもとづいているんですね。

ところで、義務教育とよく耳にしますが、これは子どもが負った義務だと思っていませんか？ さきほどの憲法26条2項では、すべての国民に、子どもに教育を受けさせる義務があるとしています。つまり、義務教育とは、子どもの保護者（お父さんやお母さん）が負った義務なのです。

たとえば、親が子どもを学校に行かせず、働きにだしたほうがよい、などと考えると、いくら権利があっても子どもは教育を受けることがむずかしいでしょう。そのため、「教育を受けさせる義務」を保護者に負わせています（124ページ）。

❷大日本帝国憲法と比べてみよう

「教育を受ける権利」について、二つの憲法を比べてみよう。

大日本帝国憲法	日本国憲法
教育を受ける権利についての条文なし	第26条1項　すべて国民は、法律の定めるところにより、その能力に応じて、ひとしく教育を受ける権利を有する。 2項　すべて国民は、法律の定めるところにより、その保護する子女に普通教育を受けさせる義務を負う。義務教育は、これを無償とする。

天皇の命令としての教育

大日本帝国憲法のもとでは、教育を受ける権利について規定はありませんでした。そのかわり、大日本帝国憲法第9条に定められた「法律の執行《しっこう》」、「公共の安寧秩序《あんねいちつじょ》の保持」、「臣民の幸福の増進」のために必要な命令は天皇が発することができる、という定めにしたがって、勅令《ちょくれい》

（天皇の命令）で教育に関することを決めていました。つまり、国民の権利としての教育ではなく、天皇が国民に命じる形で教育がなされていたのです。

「教育勅語《ちょくご》」という天皇が示した教育理念は、天皇家が日本という国を真心こめてつくったので、それを臣民（国民）が心を一つにして大切にしなさい……という内容から始まります。天皇制を支える国民をつくることを目的とした教育だったことがわかります。

日本国憲法では、第26条ですべての国民が同じように教育を受ける権利があるとしています。2項では保護者に教育を受けさせることを義務づけ、国に無償で教育を提供することを義務づけています。

もっとくわしく

高すぎる日本の大学の授業料

憲法でうたわれている「教育を受ける権利」ですが、じっさいの日本の教育にはさまざまな課題があります。

たとえば、小学校、中学校までは義務教育で授業料などは無償化されていますが、大学は授業料が高すぎて、保護者には大変な負担になっています。

第３次産業が発達し、技術革新が進むなかで、仕事の内容もどんどんかわり、幅広い知識や情報処理能力が必要になっています。そういったものを習得するためには、高度な教育が必要です。そのため現在、日本の大学への進学率は約50パーセントにものぼります（２０１６年）。もし経済的な理由で大学への進学をあきらめなければならない、ということがあれば、

世界の大学授業料と奨学金の高低

公的補助(奨学金)水準：高（上）／低（下）　授業料水準：低（左）／高（右）

	授業料水準 低	授業料水準 高
公的補助(奨学金)水準 高	①低授業料・高補助 北欧諸国、ドイツ	②高授業料・高補助 アメリカ、イギリス、オーストラリア、カナダ、オランダ、ニュージーランド
公的補助(奨学金)水準 低	④低授業料・低補助 オーストリア、フランス、イタリア、スペイン、チェコ、ポーランド、ポルトガル	③高授業料・低補助 **日本**、韓国、チリ

（出典）国立国会図書館「諸外国における大学の授業料と奨学金調査と情報
—ISSUE BRIEF— NUMBER 869（2015.7.9.)」
OECD による授業料と公的補助（奨学金）水準の高低による４モデルより

憲法26条で定めている「その能力に応じて、ひとしく教育を受ける権利」が侵されることになります。

●高校の無償化が実現

そんななか、多くの人々の要望で、1970年代には、私立大学への補助がおこなわれるようになりました。また近年、とくに不況の影響によって高校・大学の中退者が増えていることを問題視《もんだいし》した政府は、2010年度から公立高校の授業料を無償化しました。あわせて、私立高校の授業料の補助（私学助成）もおこなっています。これによって、都道府県によっては高校進学率が過去最高になり、経済的理由での私立高校の中退者は過去最少になるという効果がありました。

一方で、大学の授業料をまかなうために、4年制大学に通う学生の約52パーセントが奨学金《しょうがくきん》を受けています（2012年度）。しかし、その9割が卒業後に返済が必要な貸与型《たいよがた》です。返済が不要な給付制奨学金の拡充が求められています。だれもが学ぶ権利を保障されるように、大学の授業料の減免《げんめん》や充実した奨学金制度など、時代に即した教育の充実が求められます。

第4章 会社と対等でいるために～労働基本権～

❶ 労働者としての権利

労働者はとても弱い

みなさんのお父さんやお母さんはどんな仕事をしていますか？　なかには自分のおうちで商売をしている自営業の人もいるかもしれませんが、多くの人は、会社で働いているのではないでしょうか。会社で働き、給料をもらう人を「労働者」といいます。会社は労働者を働かせることで、さまざまな利益を生み出して、その利益を元にしてさらに会社を大きくしていきます。会社をどう経営するのか決める権限をもち報酬をえる人を「資本家」、「使用者」などとよびます。

じつは労働者はとても弱い立場にあります（１０２ページ）。

資本家は利益をあげるために、できるだけ労働者を安く雇い、長い時間働かせようとします。産業革命がおこったころのイギリスでは、父親の賃金だけでは家族を養えず、女性や子どもが長時間、ほとんど休憩なしで働かされていました。仕事がなくては食べていくことができない労働者たちに、資本家の無理強いを拒否する力はありませんでした。

団結することで権利を獲得

労働者は過酷な働く条件をよくするために、考えました。はじめはお互いの生活を支えあうために、お互いにお金をだしあい、病気や事故があったときにそれをつかう共済活動をはじめます。その後、さらに労働者同士の協力が広がり、資本家に要求を認めさせるためにいっせいに仕事を休んだり（ストライキ）、全員で資本家と交渉する（団体交渉）ようになります。

こういった「みんなでいっせいに協力して資本家に働きかける（団結）」ことは、非常に効果があり、こういった協力は「労働組合」という組織へと発展していきます。資本家は労働組合をつぶすためにさまざまな圧力をかけますが、それにも負けずに労働者の権利はじょじょに認められていきました。

こうして、労働者が人間らしい生活をする上で必要な労働時間の基準や最低賃金を定めること、また労働者が団結する権利（団結権）を認める内容が、憲法にも盛り込まれました。これらをまとめて労働基本権といいます。

労働三権…憲法では労働者に大きく3つの権利を認めています。

団結権：使用者と労働条件を決めるために、対等な話し合いができるように、労働組合を結成する権利

団体交渉権：労働組合が労働条件について使用者と話し合い、取り決めを交わす権利

団体行動権：団体交渉がまとまらないとき、ストライキなどの争議行為をする権利

これらの権利によって、現在は法律で、労働時間は1日8時間まで、4週間で4日以上の休日や、最低限支払う賃金も義務づけられています。

もっとくわしく

悲惨だった19世紀の労働環境

19世紀、フランスの医師ヴィレルメは、綿工場で働く子どもたちの様子をこう記しています。

「かれらは、毎日、毎日、16時間から、17時間、ほとんど場所も姿勢も変えずに狭い一隅《ひとすみ》で立ったままである。それは、もはや労働や仕事ではなく拷問《ごうもん》である。しかも、それが課せられるのは6歳から、8歳にしかならず、食事も衣服も貧しい子どもたちに対してなのである。」

また、農村地方の子どもたちが健康で明るいのとは対照的に、工業都市の子どもが「蒼白《あおじろ》く、無気力で行動が鈍《にぶ》く、遊びのさいにもおとなしい。かれらは悲惨や苦悩、意気消沈の様子をしめしている」とのべています。

出典）経済論叢（1981年）清水克洋「産業革命期フランスにおける労働者の貧困問題——ヴィレルメ調査報告の検討を中心に」

工場で働く子どもたち

❷大日本帝国憲法と比べてみよう

「労働基本権」について、二つの憲法を比べてみよう。

大日本帝国憲法

労働基本権についての条文なし

日本国憲法

第27条1項　すべて国民は、勤労の権利を有し、義務を負う。
2項　賃金、就業時間、休息その他の勤労条件に関する基準は、法律でこれを定める。
3項　児童は、これを酷使してはならない。

労働者の権利ではなく、産業発達が優先されていた

大日本帝国憲法では、労働基本権についての定めはありませんでした。

しかし、だからといって労働組合や労働争議がなかったわけではありません。日清戦争以後、日本の工業化が進み、多くの労働者が生まれました。その中で労働組合の結成も進められ、政府も工場法という、労働条件について定めた法律をつくります。そのなかで15歳未満の子どもや女性については、

1日12時間を超える就業や深夜の就業を制限する内容などが盛り込まれました。

しかし、工場法がつくられた背景は、過酷《かこく》な労働で健康を害する労働者があとを絶たず、日本の産業の発達に悪影響がおよぶという考えがあったためです。労働者の権利としてつくられた法律ではなかった点が、大日本帝国憲法下での特徴といえるでしょう。

日本国憲法では、第27条で労働者の権利について定められています。まず、国民には「勤労の権利」があり、働くことは権利とされています。労働は人間を成長させ、人格形成につながる、という考えにもとづいているのです。また、働くさいの最低限の基準は、会社ではなく国が定めます。子どもの健全な成長をまもるために、子どもの過酷な労働も禁止しています。

もっとくわしく

ばらばらにされる、日本の労働者

●減り続ける労働組合への加入数

憲法で保障されている団結権ですが、現実にそれをつかって労働者の生活が良くなっているかといえば、決してそうではありません。

現在日本の労働組合の組織率は17・7パーセント（2013年）。終戦直後は50パーセントを超える時期もありましたが、年々低くなっています。その結果、資本家の収入が増えるなか、労働者の賃金は下がり続けています。

労働組合への加入が減っている大きな要因に、雇用形態の多様化が挙げられます。

戦後、日本の雇用スタイルは「終身雇用」が一般的でした。終身雇用とは、一度正規《せいき》雇用で就職したら、定年まで同じ会社で働きつづけるスタイルです。将来の見通しがつきやすく、安定した生活を送ることができます。

しかし、1999年に労働者派遣《はけん》法という法律が改正され、派遣社員といわれる非正規雇用が増え始めます。派遣社員は、正規雇用の人々とほとんど変わらない働きをしているのに、賃金が安く、3年を限度に雇用を打ち切ることができます。ふつう労働者は法律で、会社の都合によって解雇できないように守られています。しかし、派遣社員の場合、簡単に雇うのをやめることができるのです。

こういった事情によって、派遣社員の人たちが会社の労働組合に加入することがむずかしく、労働者が団結して雇用条件を改善することが困難になっています。

会社で何時間働くのか、給与がいくらもらえるのかなど、労働条件は、私たちの生活の質に直結する大切な問題です。正規雇用、非正規雇用の分け隔《へだ》てなく、すべての人が安定した職を得られるよう、改善が必要です。

正規雇用者と非正規雇用者の推移

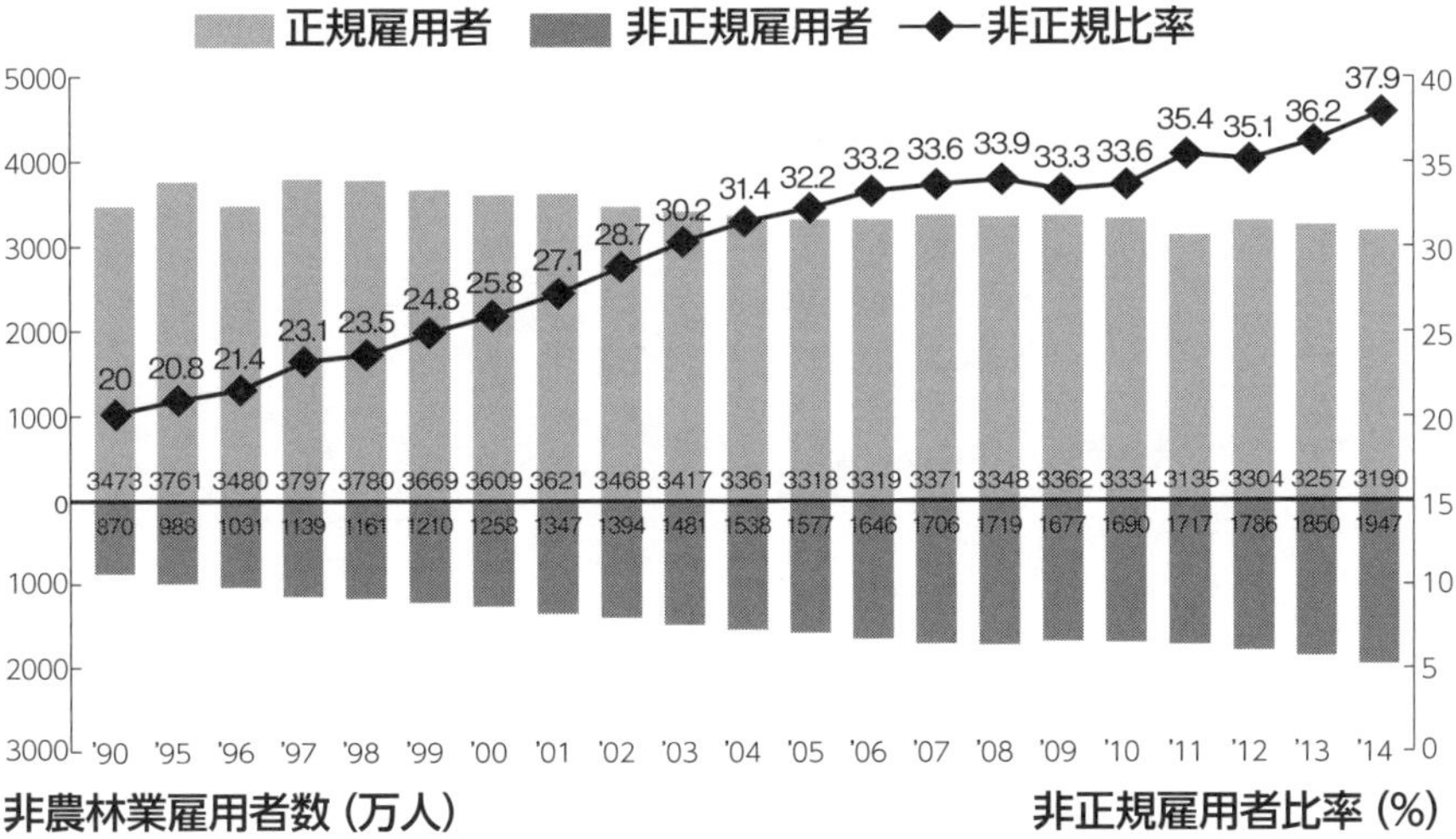

（注）非農林業雇用者（役員を除く）が対象。1～3月平均（2001年以前は2月）。非正規雇用者にはパート・アルバイトの他、派遣社員、契約社員、嘱託などが含まれる。2011年は岩手・宮城・福島を除く。
（資料）労働力調査

コラム　国民の義務ってどんなもの？

日本国憲法の第3章は「国民の権利及び義務」というタイトルがつけられています。権利とは、これまで見てきたように、国民に認められているさまざまな地位や行為のこと。一方、義務とは、国民がしたがわなければならない決まりのことです。どんな義務があるのでしょうか。

❶ 教育を受けさせる義務

26条2項では、国民の教育に関する義務が定められています。義務教育のことですね。たとえば、あなたの保護者（お母さんなど）がある日「学校なんてつまらないからもう行かなくてよろしい！　明日からは家のことを手伝いなさい」といって、学校に行かせてくれない…なんていうことがおこるとします。

「学校なんてつまらない」と思う保護者の独断的な考えにしたがうと、あなたの「教育を受ける権利」がつぶされてしまいます。そういったときに、保護者に課せられた「教育を受けさせる義務」がものをいいます。保護者はこの義務にしたがって、あなたを学校に通わせなければなりません。

❷ 納税の義務

30条では「国民は、法律の定めるところにより、納税の義務を負う」とあります。道路や水道などライフラインの整備や、学校の運営、福祉サービスなど、行政がおこなうさまざまな活動には多くのお金が必要です。その源になっているのが税金です。国民は平等の原則にもとづき、法律で決められただけの税金を納める義務を負っています。

❸ 勤労《きんろう》の義務

27条1項では「すべての国民は、勤労の権利を有し、義務を負う」と書かれています。税金を納めるためには、働いて収入を得なければいけません。また、労働によって富をつくりだすことは、社会が豊かになることにもつながります。

こうしてみると、国民に課せられた義務はとても少ないですね。それもとうぜんで、憲法とはそもそも、国民に対して義務を定めるものではなく、国（権力）に対して、「これはしてはいけない」「あれをしなさい」と決め、国民の権利を認めさせるためのものです（立憲主義）。立憲主義の性質上、国民への義務は最低限のものに留めなければならないのです。

ところで、日本国憲法には、右の三大義務以外にも義務があることをご存じですか？

一つは99条に定められている、「憲法遵守義務」です。すべての公務員や政治家に、憲法を守らなければならないと義務づけています。憲法には権力をしばるという重要な役割があります（第1部）。そのために、国民ではなく、実際に議会や行政を運営し権力と密接《みっせつ》にかかわる公務員や政治家に、憲法を守る義務を課しています。

もう一つは、12条にあります。ここでは、憲法が保障する自由や権利は、国民自身が絶え間ない努力で守っていかなくてはならないこと、そして国民はこの権利を好き勝手にせず、公共の福祉のために利用する責任があるとしています。

憲法に書かれているからといって、それだけで自由や権利が約束されるわけではありません。憲法をもとに、国民自身が実際に人権を守る努力をしなければ、絵に描いた餅《もち》になってしまいます。そのことを憲法は、12条で義務という形でうったえているのです。

第12条　この憲法が国民に保障する自由及び権利は、国民の不断の努力によって、これを保持しなければならない。又、国民は、これを濫用してはならないのであって、常に公共の福祉のためにこれを利用する責任を負う。

第99条　天皇又は摂政及び国務大臣、国会議員、裁判官その他の公務員は、この憲法を尊重し擁護する義務を負う。

第5部

世界にほこる平和主義

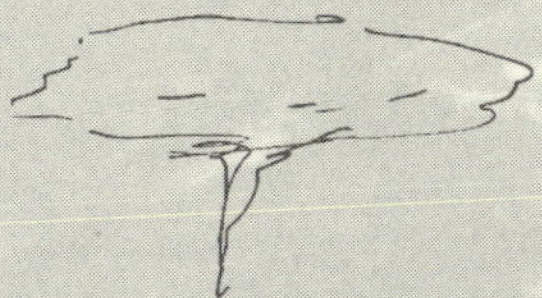

第1章　戦争のない世界へむけて

❶ 戦争をなくすための、人類の挑戦

日本国憲法＝平和憲法

日本国憲法は、よく「平和憲法」とよばれることがあります。どんな国だって、平和を願って憲法をつくるわけですが、なぜ日本の憲法だけがそうよばれるのでしょうか。

そのもっとも大きな理由は、日本国憲法9条にあります。9条では、国と国との紛争解決の手段として、戦争はおこなわないこと、そのために戦力をもたないことをかかげています。戦争の絶えない長い歴史のなかで、なんとか戦争をなくしたいとがんばってきた人類の努力が、究極のかたちで盛り込まれているのです。

第9条

1項　日本国民は、正義と秩序を基調とする国際平和を誠実に希求し、国権の発動たる戦争と、武力による威嚇又は武力の行使は、国際紛争を解決する手段としては、永久にこれを放棄する。

2項　前項の目的を達するため、陸海空軍その他の戦力は、これを保持しない。国の交戦権は、これを認めない。

いまも一部の国のあいだでは、戦争がおこなわれていますが、みなさんは戦争はイヤだ、やめるべきものだと思っていますよね。戦争はやってはいけないものだけれど、それにもかかわらず戦争は起きているというのが、みなさんの実感でしょう。

しかし19世紀中ごろまでは、戦争はダメなものだという考え方自体が存在しませんでした。というよりも、争いごとを解決するために戦争をすることは正しい、合法だという考え方が普通だったのです。

度重なる戦争からの脱却

その結果、当然のことですが、戦争がたびたび起こることになります。16世紀、ヨーロッパでは航海技術の発達とともに植民地主義が生まれ、海外の領土をえるために多くの戦争が勃発します。さらに産業革命後

1899年におこなわれた万国平和会議のようす。ロシア帝国皇帝ニコライ2世のよびかけで開かれました。

には、武器をつくる技術が発達し、戦争で死ぬ人の数もどんどん増えていきました。

こうして人類は、それまでの戦争についての考え方の転換を迫られます。

まず最初に合意されたのは、戦争のルールをつくることでした。人を大量に殺すような兵器は使ってはならないとか、戦争をする場合は事前に通告を必要とするなどのルールが、万国平和会議という国際会議などで19世紀のおわりから20世紀のはじめに、できあがりました。

しかしこれはあくまで戦争をする際のルールで、戦争を防ぐためのものではありませんでした。

1914年には、第一次世界大戦が起こります（1914〜18年）。戦車や戦闘機、機関銃などがはじめて大規模に用いられた近代戦で、人類がこれまで経験したことのないよう

第一次世界大戦中のフランス軍の戦車。ほかにも戦闘機や機関銃など、強力な兵器がつぎつぎに投入され、大規模な被害をもたらしました。

な、多くの死傷者をだしました。９００万人の兵士と２２００万人の民間人が亡くなったといわれています。

国際連盟の結成

　こういった悲惨な戦争の結果をふまえ、戦争をやめさせるための国際組織が必要だという世論が高まりました。そして、世界の42カ国が集まって**国際連盟**がつくられます（１９１９年）。そのもとで１９２８年、「戦争放棄に関する条約（不戦条約）」が締結され、国際紛争を戦争によって解決することが禁じられます。

　しかし、第一次世界大戦に負けたドイツの戦争への賠償が多すぎたことや、領土の分割についての不満が火種となり、第二次世界大戦（１９３９〜45年）が勃発してしまいます。この戦争ではじめて原爆が広島、長崎に落とさ

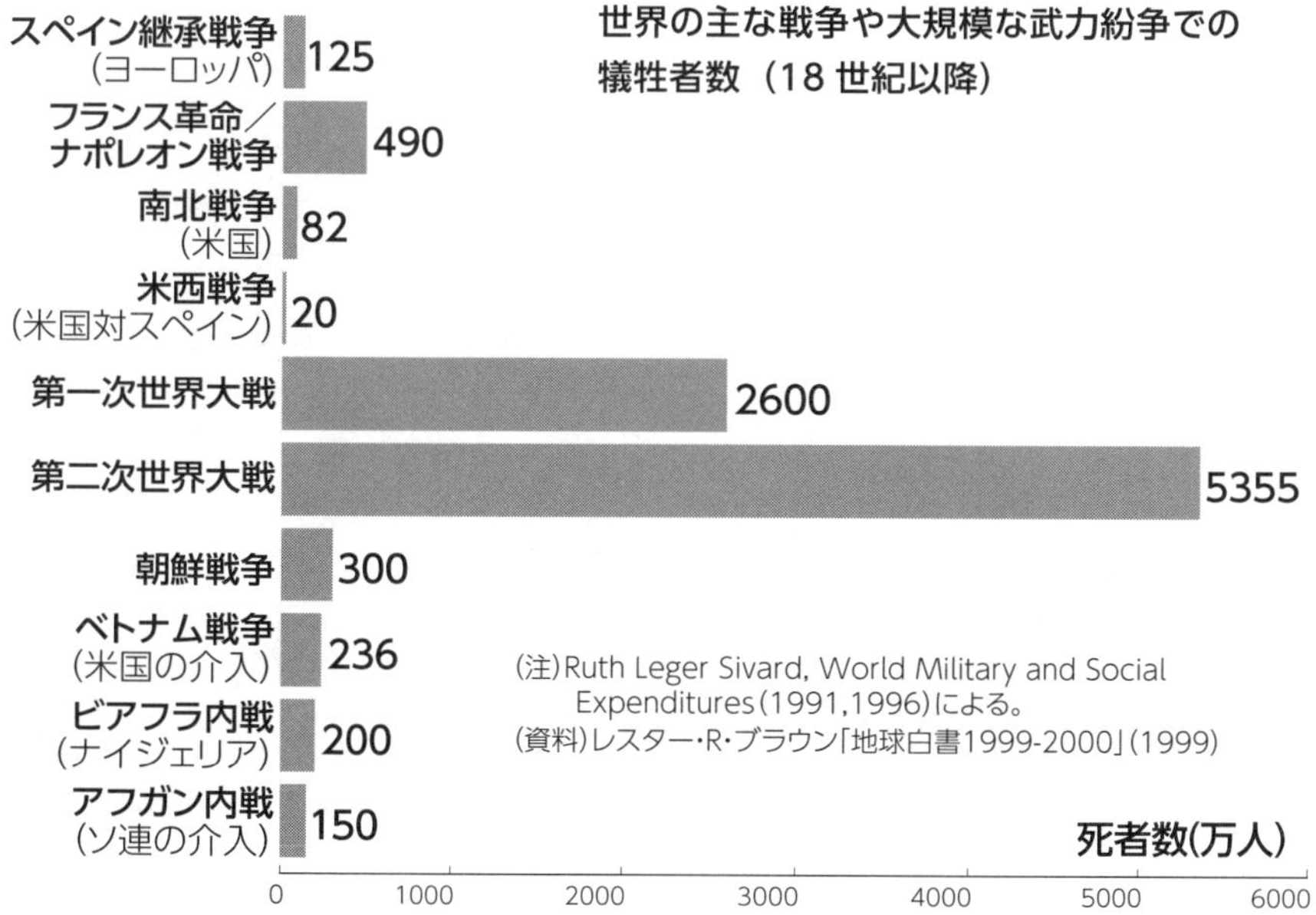

(注)Ruth Leger Sivard, World Military and Social
Expenditures(1991,1996)による。
(資料)レスター・R・ブラウン「地球白書1999-2000」(1999)

れ、約21万人の犠牲をだしました。第二次世界大戦全体では、兵士・民間人あわせて6000万人ともいわれる人々が亡くなりました。（広島平和文化センター編『平和事典』参照）

❷ 平和の最先端、日本国憲法9条

戦争を違法化した国連憲章

国際連盟は、なぜ戦争を止める力をもたなかったのでしょうか。じつは国際連盟には、有力国であるアメリカが参加せず、また、ソビエト連邦（ソ連、現在のロシア）も途中からの加盟でした。こういった主要国が参加しなかったことなどにより、国際的な決まりを世界の国々に守らせるための力が十分ではなかったのです。その反省から、今度はすべての主要国が中心になって話

国連の総会のようす。一般討論で各国の首脳が演説をおこないます。

し合い、みなさんもよく知っている**国際連合**（国連）が新たにつくられます（1945年）。

現在、世界の195カ国のうち、193カ国が国連に加盟しています（2014年）。

平和を維持するための国連の基本的な考え方を示したのが、国連憲章です。「憲章」とは国際間の憲法のようなもので、国連に加盟している国々はみんな、この国連憲章に書かれていることを守らなければなりません。

国連憲章　第33条1項

いかなる紛争でも（略）、まず第一に、交渉、審査、仲介、調停、仲裁裁判、司法的解決、地域的機関又は地域的取極の利用その他当事者が選ぶ平和的手段による解決を求めなければならない。

国連憲章ではまず、武力の行使は禁止するという原則を定め、紛争は外交的手段、平和的手段で解決すべきことを明示しています。同時に、その努力にもかかわらず侵略をするような国があらわれたら、国連が加盟国を結集して、侵略した国を軍事力で懲らしめることが決められました（集団安全保障・151ページ）。つまり、侵略する国は、国連に加盟する他のすべての国を相手にする覚悟が必要となります。そうなれば、侵略するのは簡単ではないでしょう。また、各国が自分の判断で軍事力を使って侵略に対抗する（自衛措置をとる）のは、国連が助けにくるまでのあいだだけとも定められています。

武力をもたない国へ

世界の多くの国は、こうした国際的な到達点をふまえ、それぞれの憲法のなかで、侵略戦争の禁止や紛争の話し合いによる解決という考え方を取り入れました。たとえば、お隣の韓国の憲法は、「国際平和の維持に努め、侵略的戦争を否認する」（大韓民国憲法・第5条）としています。イタリア憲法では「（略）国際紛争を解決する手段としての戦争を放棄する。（略）」（イタリア共和国憲法・第11条）と定めています。

日本国憲法も同じです。憲法第9条1項では、「国権の発動たる戦争と、武力による威嚇又は武力の行使は、国際紛争を解決する手段としては、永久にこれを放棄する」としています。つまり、外国とのあいだに問題が起こっても、武力で脅したり、実際にミサイルを撃ち込むなどの武力の使用を、永久にしないと決めているのです。ただし、侵略されたときの自衛の場合を除くというのが、国際的な了解事項となっています。

日本国憲法のすごいところは、こればかりではありません。1項の目的のため、「陸海空軍その他の戦力は、これを保持しない。国の交戦権は、これを認めない」としたのです（2項）。戦争をしないためには、戦争をする手段、つまり武力をなくしてしまうのが一番よい……これこそが日本国憲法が到達した考えでした。

もっとくわしく

日本以外に戦力の不保持を定めた国

中米のコスタリカやパナマも、憲法で自衛以外の目的で戦力をもたないと決めています。実際に、軍隊も、戦車や戦闘機もありません。憲法の定めによらず軍隊をもたない国は、他にも25カ国あります（2000年）。

第2章 平和主義の理由と目標

❶ 平和主義はこうして生まれた

どうして9条は生まれたの？

戦争をしない、そのために戦力をもたない……世界でも例のないこんな憲法が、なぜ日本で生まれたのでしょうか。平和憲法は、なにをめざしているのでしょうか。

その秘密が、日本国憲法の前文に書かれています。前文の最初には、まず、この憲法がなぜできたかについて、以下のように述べられています。

> 政府の行為によって再び戦争の惨禍が起ることのないようにすることを決意し、ここに主権が国民に存することを宣言し、この憲法を確定する

政府が再び戦争を起こさないようにすることを決意し、主権が国民にあることを宣言します。そして、この憲法を確定します——という意味です。

日本は明治時代にはいり、大日本帝国憲法のもとで、いろいろな戦争を経験しました。１８９４年には清国（現在の中国）とのあいだで日清戦争が、１９０４年にはロシアとのあいだで日露戦争が起こりました。その後も第一次世界大戦に参加。第二次世界大戦では、東京大空襲や沖縄の地上戦、原爆投下な

どにより甚大な被害を受けました。そういった被害だけではなく、中国、朝鮮半島、フィリピンなどの東南アジア諸国を侵略し、多くの人々の命を奪う加害の経験もしています。

憲法で戦争ができないようにしばる

これらの戦争は、憲法前文でいうところの「政府の行為によって」おこなわれたものでした。二度と戦争を起こさないためには、こういった政府の行為（戦争）を禁じる必要があります。そもそも、憲法は政府（権力）をしばる役割があります（立憲主義）。そこで憲法で、政府は戦争をしてはならないぞと、明記することにしたのです。

また、国のあり方を決める主権が国民にはなく天皇にあったことも、戦争へ進むことを止められなかった理由の一つでした。戦争を引き起こさないと決意した国民を主権者にすることで、戦争への道をとざすことができます。前文で戦争を起こさない決意と国民主権

1945年3月10日、東京は大規模な空襲にみまわれ、この空襲で10万人以上の人々が亡くなりました。

をどうじに語っているのは、主権者である国民一人ひとりが平和のために努力しよう、という決意をあらわしています。

また、前文の最後で、

いづれの国家も、自国のことのみに専念して他国を無視してはならない

と書いています。これは、過去の戦争で、日本が国益のために他国を侵略していったことへの反省をふまえたものだといえるでしょう。

中国東北部を占領していた日本は、さらなる領土の拡大をはかって、戦線を拡大していきました。首都南京を侵略し、南京大虐殺を引き起こしました。

もっとくわしく

大日本帝国の侵略の言い分

大日本帝国は、アジアへ侵略するさい、「文明が未発達なアジア諸国へ、文明の進んだ日本が教化するため」という口実を用い、侵略を正当化していました。しかしどんな言い訳をしても、他国の主権を武力で侵す行為は許されることではありません。

❷ 軍隊をもたずに平和を確立する

平和の先駆者として

憲法9条では軍隊をもたないことを誓っています。しかし、軍隊をなくしてしまって、もし外国から攻められたらどうするのでしょうか。

そのことは、日本国憲法を審議し、制定した第90回帝国議会（1946年6月）でも問題になりました。この問題に対して、当時の総理大臣の吉田茂は「これまでの戦争の多くは、自衛の名のもとに戦われた」とし、自衛のための戦力が戦争につながることを指摘しました。その上で、侵略された場合は国連の定める集団安全保障（151ページ）が日本の自衛力になるとしました。また、国務大臣・幣原喜重郎は、「これから原爆以上の威力をもった破壊兵器が開発されるだろう」とし、戦争での紛争解決では人類が滅亡すると訴え、日本が率先して戦争を放棄することの意義を説きました。

憲法前文の以下の文章は、その時の議会の決意をあらわすものです。

> 日本国民は、恒久の平和を念願し、人間相互の関係を支配する崇高な理想を深く自覚するのであって、平和を愛する諸国民の公正と信義に信頼して、われらの安全と生存を保持しようと決意した。われらは、平和を維持し、専制と隷従、圧迫と偏狭を地上から永遠に除去しようと努めている国際社会において、名誉ある地位を占めたいと思う

日本国民は平和を願い、人々と理想を共有することができると信じ、平和を愛する他の国の人々を信頼します。その信頼によって、わたしたちの命や安全を守ります。また、平和を守り、独裁や隷従、圧迫や差別をなくすよう努力し、国際社会で名誉ある地位を築きます——と決意しています。

平和憲法が戦争をなくす力になる

さらに日本国憲法の前文は、以下のように続きます。

> われらは、全世界の国民が、ひとしく恐怖と欠乏から免かれ、平和のうちに生存する権利を有することを確認する

全世界の人々が戦争や貧困などの恐怖・欠乏から自由になり、平和な世界で生きていく権利をもっていることを確認します——という意味です。

この前文2段で、**平和的生存権**が確立されました。人権には「自由権」(第3部)と「社会権」(第4部)があることを、みなさんは勉強されましたね。日本国憲法の前文には、「平和的生存権」という新しい考えが含まれているのです。

いまでも私たちの目の前では戦争が起こり、たくさんの命が失われています。日本国憲法は、日本が戦争をしないというだけでなく、「全世界の国民」に平和的生存権があるとして、世界から戦争をなくすことを願う立場を表明しているのです。

実際に9条は世界平和の前進にたくさん貢献していますが、その例を一つ紹介しましょう。

1990年代初頭、戦闘機やミサイルなどの大型武器の輸出入について、各国が国連に報告する制度ができました。戦争するため、密かに武器を輸入する国をなくそうとしたのです。この制度をリードしたのが日本です。外務省高官は、「わが国が、武器輸出三原則に基づき、二十数年来武器輸出を厳格に規制してきたとの実績が評価されたのはまちがいなかろう」とのべました。武器輸出三原則とは、日本が平和憲法のもと、武器の輸出を禁じた閣議決定のことです。

こうした努力が実って、通常兵器の貿易を規制するため「武器貿易条約」がつくられ、2014年12月に発効しました。

こういった事例からも、平和憲法が国際社会における日本の地位を高めていることがわかります。

武器貿易条約に署名するアメリカ代表

第3章 自衛隊をどう考える?

❶ 自衛隊をどう考える?

自衛隊は憲法に違反している? していない?

これまで見てきたように、戦争をしないために「戦力をもたない」「軍隊をもたない」ことを決めたのが、日本国憲法の第9条です。ところが一方で、日本には自衛隊というものがあります。このことをどう考えればいいのでしょうか。

自衛隊の存在が憲法に違反しているか、していないかは、さまざまに意見が分かれています。たとえば、憲法を研究している専門の学者のあいだでは、自衛隊は憲法9条で保持を禁止している「戦力」にあたるという考えが主流です。自衛隊は明白に憲法違反だという見解です。

一方、政府は、自衛隊は合憲であるという立場をとってきました。憲法9条は国と国との争い事を武力で解決することを禁じています。そのための武力はもってはいけないとしています。

しかし、外国から攻撃を受けたときに自国を防衛する「自衛権」という権利があるため、自衛のために必要最小限度の実力組織をもつことは憲法に違反しないというのが、政府の見解です。

現在の自衛隊の戦力は、その範囲内のものであるとし、そのため自衛隊は9条に違反していない、と主張しています。

この政府の主張に対して、自衛隊を違憲だとする人々は、「解釈改憲」だと批判してきました。解釈改憲とは、憲法の文章は変えないけれど、読み方やとらえ方（解釈）によって事実上、憲法の内容を変えてしまうということを意味します。本来、憲法を変えるためには国民投票などで、国民の多数の支持が必要なので、解釈で憲法を変えることはあってはならないことです。

殺したことも、殺されたこともない

こうして、自衛隊は合憲なのか違憲なのか、日本でははげしい議論が続いています。その結果、憲法9条のもとでの自衛隊とその活動は、他の国の軍隊とはかなり異なったものになっています。

たとえば、政府はずっと、9条にもとづいて日本は自国の防衛しかできないのだとして、「専守防衛」政策をとることを表明してきました。そのため自衛隊は、他国を攻撃することを主な目的とする兵器はもっていません。何百キロも遠くの都市を正確に攻撃できる大陸間弾道弾（ＩＣＢＭ）や、戦

東日本大震災で被災者の救出や、捜索活動をおこなう

闘機を載せて遠くまで遠征できる攻撃型航空母艦（空母）なども、とうぜん保有していません。

　また自衛隊は、１９５４年に創設されて以降現在まで、戦闘による死亡者をだしたことがありません。他国の人の命を奪ったこともありません。

　自衛隊の活動はながらく、日本国内のみに限られていました。自衛隊は、日本の自衛のための必要最小限度の組織です。たとえ国際支援が目的であっても、海外での活動は、憲法９条に違反すると考えられてきました。

　しかし、１９９０年代以降、海外への国際支援活動（おもに国連による平和維持活動）に参加

自衛隊が存在する目的（2012 年）

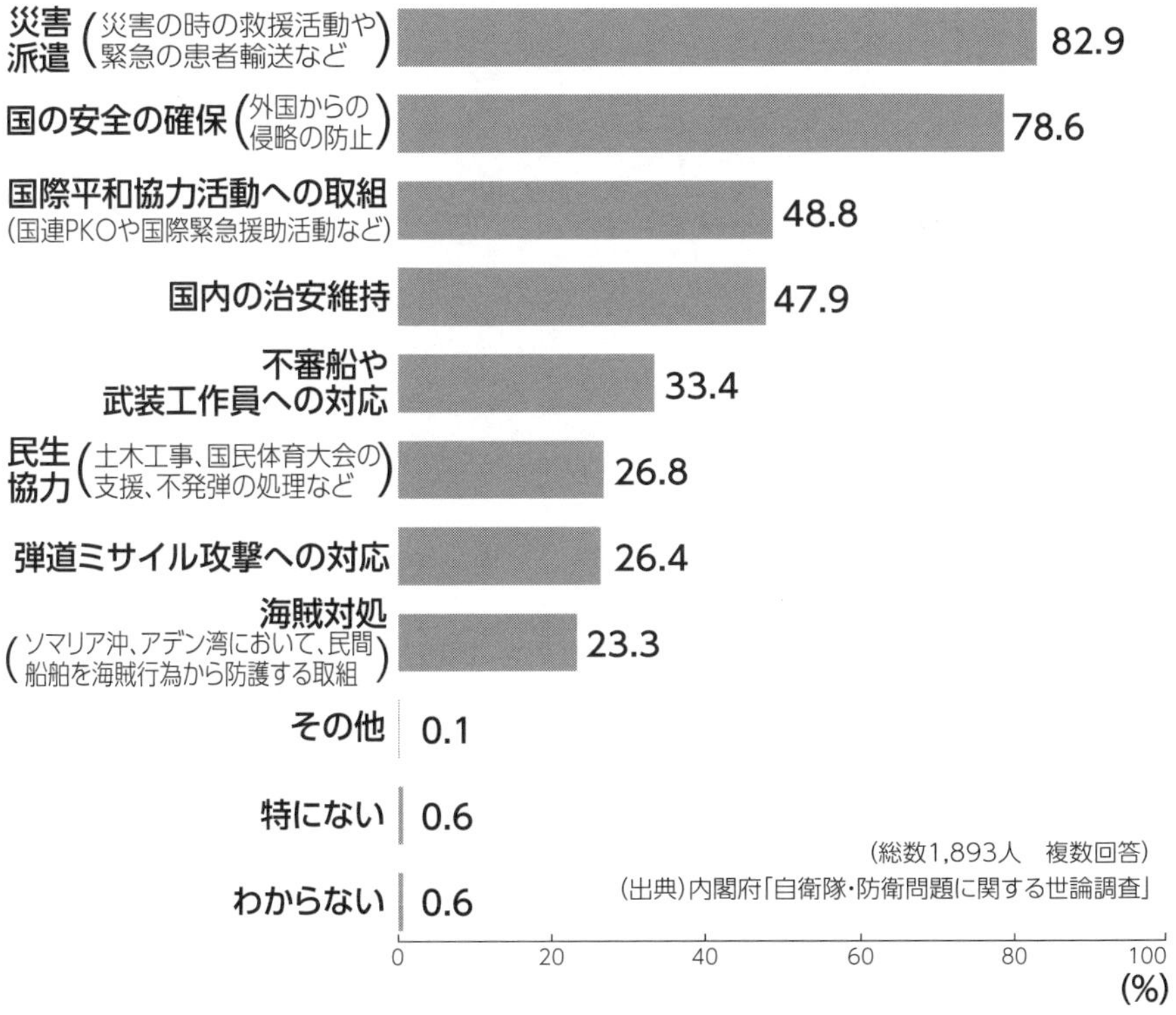

するようになります。なかには紛争地などでの支援もありますが、そのなかにあっても、武力の行使は禁じられてきました。9条の理念が紛争地にあっても、人々の命を守っているのです。

❷ 自衛隊も9条も受け入れている日本国民

自衛隊の「現状維持」が望まれている

国民は自衛隊のことをどう見ているのでしょうか。また憲法9条をどう考えているのでしょうか。どんな世論調査でも、自衛隊の縮小を求める人は時代とともに減っていて、逆に、自衛隊の強化を求める人が増える傾向にあります。しかし、それらはいずれも少数であり、国民の多数は、自衛隊の現状維持を望んでいます。

それでは、国民は自衛隊に、いったいどんなことを期待しているのでしょうか。これには大きく二つの期待が見られます。一つは自衛隊のそもそもの役割である、外国からの侵略の防止です。国の自衛のために、自衛隊は必要だと考えられているのです。

もう一つは災害時の救援活動です。現在、地球温暖化の影響もあり、日本では毎年洪水や土砂災害、大雪による災害など、大規模な災害が起こっています。また、東日本大震災の経験から、大規模地震への備えを必要と考える人が増えています。こういった災害救助に自衛隊が果たす役割は大きく、国民の期待が寄せられています。

一方で、自衛隊の海外での活動を期待する人がいないかといえば、そうではありません。グローバル化が進むなか、国際社会で信頼関係を築くことは、さらに重要になっています。国連による平和維持活動など、国際支援活動への参加を支持する声も少なくありません。

9条を愛する日本国民

では、自衛隊を認め、自衛隊のこういった活動を支持する国民は、憲法の平和主義の考え方を嫌っているのでしょうか。そうではありません。

いろいろな世論調査からわかることですが、国民の多数は、憲法9条をそのまま残したいと考えています。また、日本の安全を守る手段については、たしかに非武装で守るという考えを支持する人は多くありませんが、だからといって日米安保条約で守ることを望む人も少なく、圧倒的多数はアジア諸国との平和的な関係を築くことによって守ることを望んでいるのです。

憲法9条もその平和主義の考え方も支持してい

南スーダン共和国で国連の支援活動に参加する自衛隊

るし、現在の自衛隊も支持している――これが国民世論の現状だということができるでしょう。

しかし、国民が望む「専守防衛と、災害救助や国際支援活動に専念する」自衛隊のあり方と、実際の自衛隊の姿はどんどん離れていっているという事実もあります。自衛隊の軍備は「自衛のために必要最小限度の実力組織」といいながら、どんどん拡大しており、現在日本の軍事支出は、世界でも有数になっています。

また、最近、「専守防衛」という考え方にも変化が生まれてきました。それは第4章（150ページ～）で見ることにしましょう。

もっとくわしく

日米安保条約ってなに？

日米安保条約とは、日本とアメリカがとり交わした「日本国とアメリカ合衆国との間の相互協力及び安全保障条約」（1960年）の略語です。この条約では、日本とアメリカがお互いの安全保障のために協力することが約束されています。たとえば、日本が他国から攻撃を受けた場合、アメリカ軍が日本の防衛のために協力をします。もしアメリカが攻撃された場合、日本には9条があるため、アメリカの防衛に自衛隊がおもむくことはできないとされてきました（154ページ参照）。その代わりに、日本は沖縄などに米軍基地を置くことを許可し、米軍のアジアでの重要な拠点として機能しています。

コラム

平和憲法のもとでの自衛隊 ～イラク戦争での支援活動～

見つからなかった「大量破壊兵器」

２００３年3月、アメリカを中心としていくつかの国が、イラクとの戦争を開始しました。当時、イラクのフセイン政権が大量破壊兵器を保有し、周辺国の脅威になっているとして、政権を倒すことを目的に開始した戦争でした。

この戦争に賛成するか反対するか、国連でも活発に議論がされます。安全保障理事会の常任理事国5カ国（アメリカ・イギリス・フランス・中国・ロシア）のうち、アメリカに賛成したのはイギリスのみでした。アメリカの同盟国のうち、ドイツやフランス、カナダなども反対しました。

フセイン政権は倒されましたが、戦争の目的とされた大量破壊兵器は結局、一つも見つかりませんでした。米軍などの死者は約１７００人、イラクの民間人も正確な統計はありませんが８万人以上が死亡したとされるなど、大きな犠牲をともないました。それればかりか、現在、フセイン政権が倒された後も、中東の状況はどんどん深刻になっています。

このイラク戦争に、日本は支持を表明しました。そして12月から、陸上自衛隊と航空自衛隊を派遣します。

航空自衛隊の仕事は、他国の軍隊の兵員やなどの物資を輸送することでした。兵士や武器・弾薬を乗せ、戦地に送るのが仕事の一つですから、これらが戦争に参加していることになるのではないかということが問題になりました。２００８年4月、名古屋の高等裁判所は、航空自衛隊のこのような活動は、「武力の行使と一体化」したものであり、憲法に反するという判断を示しました（自衛隊イラク派兵差止訴訟・１５５ページ）。

一方、陸上自衛隊はどうだったでしょうか。イラクに派遣された各国の陸軍部隊は、各地で戦闘行為をおこないました。米軍の戦車は何両も破壊されていますし、死者も少なくありませんでした。そのなかで、陸上自衛隊も、戦後はじめて海外で人を殺すことになるのではないかと心配されました。しかし結果として、一人も人を殺さず、自衛隊員の死者もでませんでした。

自衛隊員は派遣にあたって、「われわれは戦争に行くのではない、民生復興支援に行くのだ」と教育されたそうです。仕事の内容も、学校の建設、橋や道路の補修、水の補給、病院の建設と機材援助というものに限定されました。また、「われわれは戦わない」という姿勢を徹底的に貫きます。

一方、米軍は、市内を巡回したり、基地を警備したりする際も、銃を住民の側に向けていました。しかし自衛隊は、そ

イラク・サマワで給水支援活動がはじまり、浄水した水をコップに入れて味見をする自衛隊員たち（2004 年）。

の銃を地面に向けることにしました。他国の軍隊は、敵に目立つことのないよう、砂漠地帯にあわせた色の迷彩服を着ますが、自衛隊は目立つ服を着用しました。他国の軍隊とは違うのだというアピールです。

給水活動をするような場合も、現地の人といっしょにやることを心がけます。イラク人のドライバーを雇い、イラク人が水を配り、近づいてきた人をタンクローリーにも乗せてあげたりしたそうです。

信頼の礎《いしずえ》を築《きず》く憲法9条

このような活動を通して、自衛隊は現地で信頼をえるようになります。自衛隊の宿営地に迫撃砲が撃ち込まれるようなことも起こりましたが、その際、現地の部族の長が「日本に手を出すやつは部族の敵だ」という声明を出します。自衛隊が撤収する際も、多くの人々に惜しまれました。

憲法9条のもとでは自衛隊が武力の行使を目的として海外で活動することは、許されないことです。しかし、さまざまな政治判断の中で実際に自衛隊が海外で活動している現実があります。そのなかにあっても、9条の戦争放棄の思想は、自衛隊に「戦わない」姿勢を徹底させ、結果、現地の人々と友好関係をつくることができました。9条があったからこそ、国際支援が成功したと言えるでしょう。

しかし、今後集団的自衛権（150ページ）が認められれば、他国の防衛を口実に、自衛隊は無制限に戦闘地へ派遣される可能性があります。平和憲法を看板にした国際支援をおこなってきた自衛隊が、今後戦闘に参加せざるをえなくなるのではないかと、不安の声が広がっています。

第4章　集団的自衛権をどう考える？

❶ 集団的自衛権と9条

憲法9条では戦力をもつことを禁止していること、しかし、自衛隊は「自衛」や「専守防衛」のために必要な最小限度の実力という建前で、現実に存在しているということを説明してきました。

ところで、「自衛」について日本政府は二つの考え方があるとしています。たとえば他国から侵略され、それに対して軍事力を行使する権利を、個別的自衛権といいます。「自衛権」といった場合、ふつう、この個別的自衛権のことをいいます。

集団的自衛権ってなに？

それに対して、**集団的自衛権**というものもあります。侵略されている国が自衛のために戦っているのを、他国が軍事力で助けることをいいます。国連憲章（第51条）でも、国連が乗りだしてくるまでのあいだ、侵略された国は自分の判断で軍事力を使って個別的自衛権と集団的自衛権を行使することを認めています。

9条は個別的自衛権のためであっても、戦力をもったり使ったりすることを認めていませんが、政府はこれを認める立場にたっていることはさきにのべました。それでは、集団的自衛権については、どうなっているのでしょうか?

もし集団的自衛権を認めてしまえば、世界のどこかの国が侵略されたとき、日本が軍事力を使ってその国を助けにいくということが可能になります。

これまで政府は、憲法9条のもとで認められているのは自衛（個別的自衛）のための必要最小限度の実力組織だ、としてきました。その考えからも、集団的自衛権は9条のもとでは認められないというのが政府の見解でした。

集団安全保障ってなに?

ところで、集団的自衛権と混同してまちがえやすい言葉に**集団安全保障**というものがあります。国連憲章では、侵略行為をする国に対して、国連加盟国みんなで制裁を与えると説明しました（133ページ）。こういった国際組織の措置によって、お互いの安全を守ることを、「集団安全保障」といいます。制裁についての決定は、国連の安全

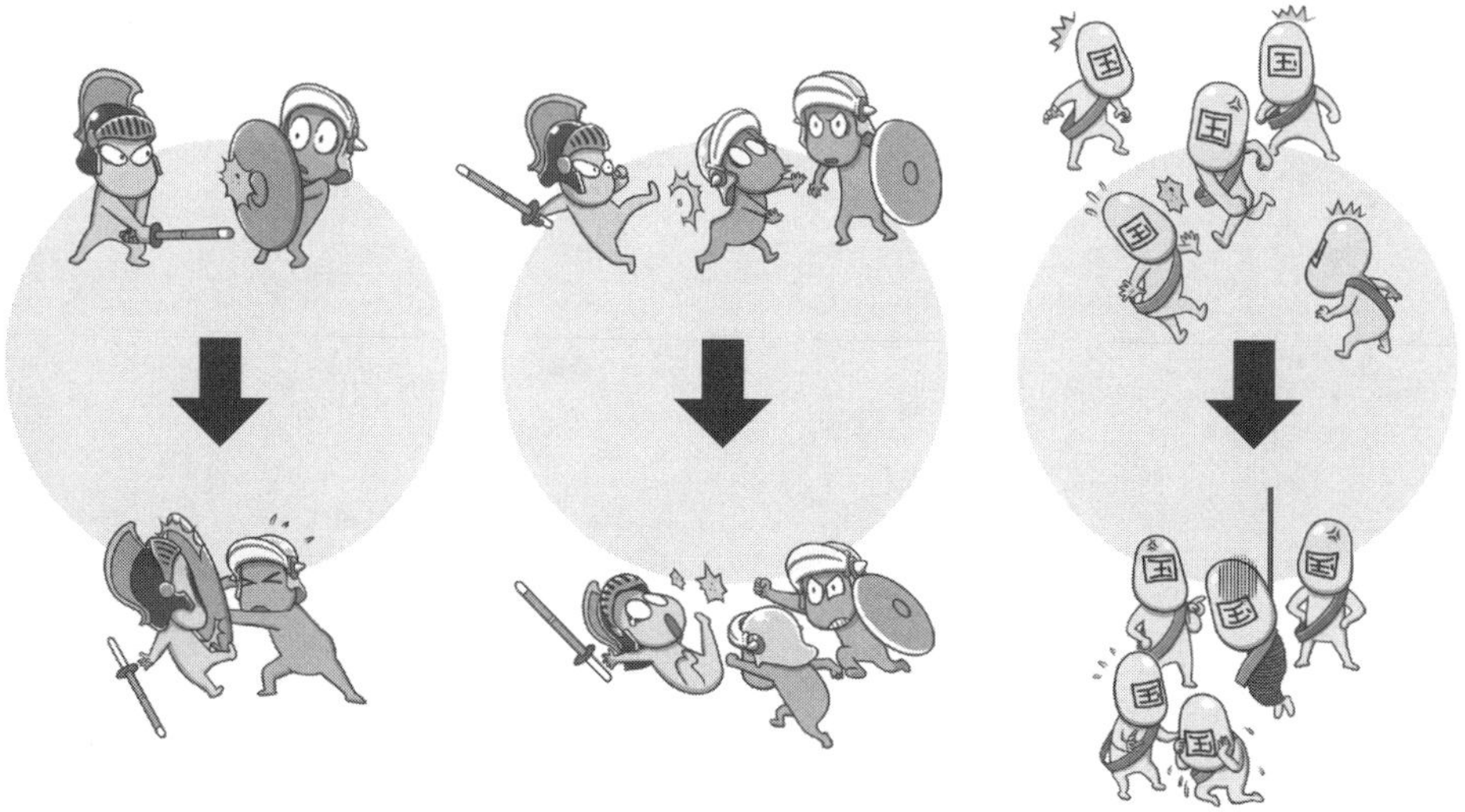

個別的自衛権　集団的自衛権　集団安全保障

保障理事会でなされます。

一方、集団的自衛権は、友好関係や同盟関係にある国どうしで自衛をする、限定された権利のことです。国連に加盟している日本ですが、国連が決めた軍事行動に参加しなければならないのでしょうか？　集団的自衛権同様、9条に反するとして、国連のおこなう武力行使に自衛隊が参加することはできないとされてきました。そのため、自衛隊はもっぱら戦闘地域の後方や非戦闘地域での支援活動をおこなってきたのです。

❷ 戦争の口実にされてきた集団的自衛権

侵略の口実にされてきた集団的自衛権

ところで、どこかの国が侵略されたら、集団的自衛権を使って、なんとか助けてあげたいと思うのは、人としての自然な感情ですよね。これをダメだという憲法9条の考え方は、本当に正しいのでしょうか。また、国連憲章でほかのすべての国で集団的自衛権が認められているのに、日本だけがダメだというのではおかしいという人もいます。

けれども、集団的自衛権が実際に使われた実例を見ると、ほとんどが「侵略されたから助けた」というものではないのです。

たとえば、世界で最初に集団的自衛権を使ったのはソ連です。ソ連の影響下にあったハンガリーが、その影響から離れて、自分の考えにもとづく国づくりをしようとしたとき、ソ連はそれを許さないために集団的自衛権の名の下、軍隊を送って鎮圧しました（1956年）。アメリカも集団的自衛を口実に、ベトナム戦争を起こしています（1960～75年）。この戦争も、ベトナムは自国の独立のために戦ったのであり、アメリカ側が侵略したことで有名です。

集団的自衛権の本当の目的

侵略された国を助けるはずのものが、なぜ逆に侵略のために使われてきたのでしょうか。集団的自衛権という言葉が国連憲章に盛り込まれた理由に、その秘密があります。

国連設立にむけた準備がおこなわれたのは第二次世界大戦のおわりごろでした。当時、いっしょに戦

ベトナムのジャングルに枯葉剤をまく米軍。第二次世界大戦後、フランスの植民地だったベトナムの北部に、社会主義国が誕生。アメリカは南ベトナムを支援し、ベトナム戦争がおこりました。ジャングルでのゲリラ戦に苦戦したアメリカは大量の枯葉剤を使用し、ベトナム農民に多大な被害をもたらしました。

争を戦っていたアメリカとソ連のあいだで大きな意見の対立が生まれ、資本主義の国々をアメリカが、社会主義の国々をソ連が支配下に置こうとし、世界はこの二つの勢力に大きく分裂してしまいます（冷戦）。

国連で集団的自衛権を認めることで、いざというとき、お互いが支配下に置いている国を守ろうというのが、集団的自衛権の本当の目的でした。そして、支配下にある国が離れ、相手の陣営に行こうとしたときに、それを許さないぞと軍事力を使ったのです。

日本もアメリカとのあいだで日米安保条約（146ページ）を結んでいますが、この条約にも集団的自衛権という言葉がでてきます。しかし、集団的自衛権を行使するのはアメリカだけで、9条によって集団的自衛権を禁止されている日本側は、個別的自衛権を行使するだけだと説明されてきました。

ところが2014年、政府は、日本の存立が脅かされる場合に限るとして、集団的自衛権の行使ができることを閣議で決定し、翌年には安全保障関連法が成立しました。これに対して、日本の平和主義を脅かすものだとか、ずっと憲法に違反するとされてきた集団的自衛権を、政府が独断で合憲と解釈するのは許されないなどの批判の声があがっています。

はたして政府の解釈は許されるのでしょうか。日本国憲法では、三権分立により、最高裁判所が違憲立法審査権をもっています。最終的に違憲かどうかを判断するのは、最高裁判所となります。憲法の番人としての役割が問われています。

9条は戦争の多大な惨禍の反省から生まれた、世界にもまれな憲法です。日本国民がこの理想のために歩むことができるのか、私たち主権者の行動が問われています。

もっとくわしく

憲法9条と裁判

●長沼判決（1973年）

北海道に自衛隊の基地を建設するため、国有保安林が解除されたことに対し、住民が自衛隊の違憲性を訴えた裁判。

札幌地方裁判所が「自衛隊は憲法第9条が禁ずる陸海空軍に該当し違憲である」と判決。（その後、高裁・最高裁では裁判所が判断すべきことでないと判決をくだしませんでした。）

●自衛隊イラク派兵差止訴訟（2008年）

自衛隊が海外で戦闘する他国の軍隊に物資を輸送することは、武力の行使にあたり、憲法違反だと訴えた裁判。名古屋高裁で「憲法第9条1項に違反する活動を含んでいる」と判断しました。

この判決により、「平和的生存権」が法的にも人権として確立されました。

さくいん

さ

■監修者プロフィール

上田勝美（うえだ　かつみ）

1934年京都府生まれ。龍谷大学名誉教授。憲法研究所代表委員。著書に『立憲平和主義と人権』（法律文化社）など多数。

■執筆者（執筆順）

杉浦真理（立命館宇治中学校・高等学校教諭／第１～２章）

本堂やよい（ライター／第３章）

松竹伸幸（ジャーナリスト／第４～５章）

■本文イラスト

株式会社 画屋

■装画・章扉イラスト

加門啓子

●写真提供

p.17下、p.36、p.55、p.98、p.132、p.148：毎日新聞
p.44：近現代PL／アフロ
p.57：(c)airyuhi/a.collectionRF/amanaimages
p.59：wpo／PIXTA
p.91：ロイター／アフロ
p.109：Mary Evans Picture Library／アフロ
p.109：朝日新聞
p.137：Mary Evans Picture Library／アフロ
p.140：AP／アフロ
p.142、p.145：陸上自衛隊
p.153：Everett Collection/アフロ

13歳からの日本国憲法

2017年3月20日　第1刷発行

監　修　上田勝美

発行者　竹村 正治

発行所　株式会社 かもがわ出版

〒602-8119　京都市上京区堀川通出水西入

TEL 075-432-2868　FAX 075-432-2869

振替 01010-5-12436

http://www.kamogawa.co.jp

制作　新日本プロセス株式会社

印刷所　シナノ書籍印刷株式会社

ISBN978-4-7803-0891-4　C0032

Printed in JAPAN